L'ALPHABET

DE

FRANCE.

Pour trouver fur les Cartes,
toutes fes Provinces , &
Villes: Bourgs, Chafteaux,
Riuieres & Seigneuries
confiderables.

Par P. DVVAL, *d'Abbeuille,*
Geographe du Roy.

A PARIS,

Chez l'Autheur,

Prés le Palais, à l'entrée de la
Cour S. Eloy.

M. DC. LI.

Auec Priuilege du Roy, pour vingt-ans.

EPISTRE.

ſances, Ie vous offre l'Alphabet de ce Royaume, eſperant bien qu'au point ou vous cheriſſés ſa grandeur & ſa gloire, vn tel preſent ne vous ſera pas deſ-agreable. Ie me perſuade bien MONSIGNEVR, que s'il ne falloit vous offrir que des choſes dignes de voſtre grandeur, vos faueurs vous feroient preſqu'autant de mé-connoiſſants que de redeuables : auſſi ie ne pretends pas en ce petit ouurage témoigner mon induſtrie & ma ſuffiſance ; mon deſſein eſt en l'authoriſant de voſtre nom, de le conſacrer à la plus haute vertu, & au plus zelé Miniſtre qui ſoit dans la Monarchie

EPISTRE.

Françoise ; estant veritable, qu'vn sang Illustre secondant en vous vn merite personel, vous aués peu de passion outre celles de seruir Dieu, le Roy & la France. Ie sçay assés que vous estes issu de familles assés cōnuës dans toute l'Europe & qui ont donné à la France plusieurs Chefs Eminents pour la Politique & la Iustice, capables de Gouuerner des Royaumes, de faire regner les Loix, & non moins vtiles aux Peuples qu'aux Roys dans les Conseils, comme Messieurs les Chanceliers du Prat & Oliuier, & vne suitte de Messieurs de Mesmes qui de Pere en Fils ont remply les

EPISTRE.

premieres Charges & ſerui en
toutes les negociations Eſtrange-
res. Ie ſçay auſſi, MONSEI-
GNEVR, les Charges & les
emplois que vous exercès dans le
Royaume pour le ſeruice du Roy
& de l'Eſtat, & que le Ciel
vous a fait par naiſſance & la
vertu par eſtude les tres-digne
frere de l'Illuſtre Preſident Ba-
rillon, dont l'inſigne ſuffiſance
& la haute probité ſont & de-
meureront à iamais en venera-
tion à ce tres-Auguſte, & tres-
celebre Parlement, & dont le
ſouuenir ſera toûjours precieux
à ſa patrie, au Iugement meſme
vniuerſel de tous les François,
C'eſt ce qui m'oblige, par titre de

EPISTRE.

reconnoiſſance à publier l'honneur, la vertu, & la pieté de ceux de voſtre maiſon, & en meſme temps les obligations qui par neceſſité m'attachent à ſon ſeruice ; Ie vous demande donc tres humblement, MONSEIGNEVR, d'agreer mon petit trauail, en attendant quelque choſe plus conſiderable : C'eſt vn eſſay de mes bonnes volontés, dans le deſſein que i'ay de meriter plus parfaitement & auec tous les reſpects poſſibles, la qualité de

MONSEIGNEVR,

Voſtre tres-humble, tres-obeïſſant & tres-obligé ſeruiteur, P. Dv Val Geographe du Roy.

A MONSEIGNEVR,

MESSIRE

ANTOINE

BARILLON,

CHEVALIER SEIGNEVR de Maurangis, Manfi & autres lieux, Conseiller Ordinaire du Roy en ses Conseils, & Directeur des Finances de France.

MONSEIGNEVR,

Dans la necessité de vous marquer mes reconnois-

Preface de l'Autheur.

APRES plusieurs petits Trai-
tez de Geographie, I'ay
dreſſé cét *Alphabet*, pour ſoulager
la memoire de ceux qui veulent
auoir connoiſſance des Places de
France & ſçauoir les Provinces
où elles ſont. I'y donne les Lon-
gitudes & les Latitudes des Par-
ties plus Occidentales de chaque
Prouince ſuiuant la poſition du
premier Meridien à l'Iſle de Fer
la plus Occidentale des Cana-
ries. Il y faut remarquer *Que* le
Septemtrion eſt toûjours ou doit
eſtre au haut des Cartes, le Midy au bas, l'Orient à noſtre main
Droite, & l'Occident à noſtre
Gauche. *Que* le Levant d'Eſté
ſe trouue entre le Septemtrion
& l'Orient, le Levant d'Hyuer
entre l'Orient & le Midy, le
Couchant d'Hyuer entre le Mi-

ã v

PREFACE.

dy & l'Occident , & le Couchant
d'Esté entre l'Occident & le Septemtrion. *Que* les lieuës dont il
y est fait mention, sont de 2500.
pas Gometriques. Ie me suis cô-
tenté d'y traiter ce qui est du Roy-
auyme reseruant à vn autre en-
droit de specifier ce qui est des
Pays-Bas, de la Lorraine & du
Barrois , de la Franche-Comté ,
de la Süisse , de la Sauoye & des
autres Pays qui ont fait partie
des Gaules. Si peut estre i'ay ob-
mis quelque ville il s'en faut pré-
dre à la difficulté de bien faire vn
Alphabet , vn trauail de cette na-
ture estant ordinairement aussi
penible à son Autheur qu'vtile à
celuy qui s'en veut seruir. Si quel-
qu'vn trouue mauuais que ie dô-
ne nom de Villes à des places qui
dans le pays portent simplement
nom de Bourgs , ie luy declare

PREFACE.

que i'appelle Villes les lieux fer-
més de murailles ou de fossés
aussi bien que les plus Grandes
Villes : aussi ne crois-je pas qu'il
me soit moins permis qu'aux autres Nations qui dans les descri-
ptions de leur patrie font passer
pour villes des places moins considerables : suffit de dire qu'il y
en a bien en Frãce 4000. & plus :
pour la distinction des Grandes
& des petites, ie m'en r'apporte
aux prouinciaux.

Explication de quelques Lettres.

A. *Archeuesché.*
B. *Bourg.*
Ch. *Chasteau.*
D. *Degré.*
E. *Euesché.*
L. *Lieuës.*

Long. *Longitude.*
Lat. S. *Latitude Sep-*
temtrionale.
Riu. *Riuiere.*
Seig. *Seigneurie.*
V. *Ville.*

Extraict du Priuilege du Roy.

PAr grace & Privilége du Roy, dõ-
né à Paris le 27. iour de Mars 1651.

Signé, Par le ROY en son Conseil DE
COMBES. Il est permis à PIERRE
DVVAL, Geographe de sa Majesté,
de faire imprimer, *l'Alphabet de France
pour trouuer sur les Cartes, toutes ses Prouin-
ces & villes: Bourgs, Chasteaux, Riuieres
& Seigneuries considerables*, comme aussi les *Discours, Memoires, Cartes, Ieux,
Figures & autres pieces de Geographie*, qu'il
aura inventez ; & ce, pendant le temps
& espace de vingt années, à com-
pter du iour que lesdits ouvrages se-
ront acheuez d'estre grauez ou impri-
mez pour la premiere fois : Pendant
lesquelles, tres-expresses défenses sont
faites à toutes personnes de quelque
condition & qualité qu'ils soient de
contrefaire lesdits ouvrages, n'y d'en
vendre sans le consentement dudit Du-
val, à peine de trois mil le liures d'amã-
de, comme il est plus amplement porté
par les Lettres Patétes dudit Priuilege,
qui sont en vertu du present Extraict,
tenuës pour deuëment signifiées.

*Acheué d'imprimer pour la premiere fois le
neufiesme d'Aoust 1651.*

Les Exemplaires ont esté fournis.

L'ALPHABET
DE
FRANCE.

A

BBEVILLE, ville en Picardie, capitale du Côté de Ponthieu.

Ablis, ville en Beauce.

Ablou, ville de la Marche pres du Poictou.

les-*Abres*, ville au Viennois.

Abriez, ville en Dauphiné.

Achaſſe, Riuiere en Viuarais.

Acheres, ville en Beauce.

Achon, ville en haute Auuergne.

Achs, ville au pais de Foix.

Acier, belle maiſon en Quercy.

A

Acquigni, B. de Normandie a l'aſ-
semblage d'Eure & d'Iton.

Acs, ville au pais de Foix.

Adon, Riuiere entre en la Vilaine.

Adour, Riuiere à ſa ſource en Bigorre.

Agde, ville & E. au bas Languedoc.

Agen, ville & E. en Guienne.

Agenois, pais en Guienne.

Agout, Riuiere en Languedoc.

Ahun, ville en la Marche.

Aigney-le-Duc, ville de Bourgogne au
pais de Montagne.

Aigremont, V. & Seigneurie en Baſſigny.

Aigreuille, ville en Gaſtinois à trois
lieues de Nemours.

Aigues, Riuiere en Dauphiné.

Aigues-Mortes, ville en Languedoc.

Aiguillon, ville & Duché en Agenois.

Aigurãde, V. en Berri pres de la Marche

Aillant ſur Toulon, ville en Gaſtinois

Air, Riuiere du Barrois.

Airaines, B. en Picardie à quatre lieues
d'Abbeuille.

Airon, Riuiere au Niuernois.

Airuault, ville du haut Poictou.

Aiſey-le-Duc, V. de Bourgogne ſur ſeyne.

Aiſnay le Chaſtel, ville du Bourbonnois.

Aisnay le vieux, ville du Bourbonnois.

Aisne, Riuiere à sa source entre la Lorraine & la Champagne.

Aix, ville & A. capitale de Prouence.

Aix, ville en Limosin.

Alagnon, Riuiere en Auuergne.

Alais, ville & Comté en Languedoc.

Alanches, ville en haute Auuergne.

Alassac, ville en Limosin.

Albain, ville en Albigeois.

Albain, ville en Roüergue.

l'Albenque, ville en Quercy.

Albert, voies Encre.

Albrac, ville en Roüergue.

Albret, ou Labrit ville & Duché dans les Landes.

Alby, ville & E. en Languedoc.

Albygeois, pais en Languedoc.

Alegre, ville en Auuergne.

Alençon, ville & Duché en Normandie au voisinage du Maine.

Aleth, ville & E. en Languedoc.

Alez, ville en Dauphiné

Alize, V. Ruïnée en Auxois.

Allauart, ville pres Grenoble.

les *Allemans*, ville en Agenois.

Allier, Riu. à sa source dãs les Ceuennes.

Alluye, ville & Marquisat en Beauce.

Alpes, Montagnes entre la France &
    l'Italie.

Alrance, Riuiere en Roüergue.

Alzonc, ville pres Carcaſſone.

Amable, Riuiere du Haut Poiƈtou.

Ambernac, V. du Poiƈtou ſur Charante.

Ambierle, ville en Fores.

Ambleteuſe, ville du Boulenois.

Amboiſe, ville en Touraine ſur Loyre.

Ambournay, ville en Bourgogne à vne
    lieuë du Dain.

Ambres, V. & Marquiſat en Languedoc.

Ambrieres, ville du Maine à trois lieuës
    de Mayenne.

Amiens, ville & E. capitale de Picardie.

Ample-puys, ville en Beaujolois.

Anant, ville du Niuernois.

Ancenis, ville de Bretagne ſur Loyre.

Ancy-le-franq, ville de Champagne ſur
    Armançon.

Andance, ville en Viuarais.

Andaye, B. dans les Baſques.

Andelis, ville de Normandie au voiſi-
    nage de Seyne.   [Caux.

Andelle, Riuiere au Leuant du pais de

Andelot, ville & Seigneurie en Baſſigny.

Andrieu, ch. en l'E. de Bayeux.
Andaze, ville en Languedoc.
Anet B. & Chasteau sur Eure.
Angers, ville E. capitale d'Anjou.
Angeruille, ville en Beauce.
Angeruille, ville en Gastinois.
Angles, ville du Haut Languedoc.
Anglin, Riuiere en la Marche.
Anglure, ville de Brie sur Aube.
Angoulesme, ville & Euesché capitale
   d'Angoumois.
Angoumois, Prouince, 20. D. long. 45.
   D. 30. min lat. S.
Aniou, Prouince 19 D. long. 47. D. lat S.
Anisi, ville au Soissonnois.
Anlezy, ville du Niuernois.
Annebaut, Seigneurie en Normandie
   sur Rille
Annonay, ville en Viuarais.
Annot, ville en Prouence.
Anse, ville en Lyonnois.
Antibes, ville en Prouence.
Antin, ville en Bigorre.
Antraim, ville au Niuernois.
Antraim, ville en l'Euesc. de Rennes.
Antresmes, ville au Maine.
Anzy le Duc, ville au Charolois.

Aps, ville en Viuarais.

Apt, ville & Euefché en Prouence.

Arban, ville de Breffe pres du Comté

Arbarine, Riuiere en Breffe.

Archac, Marquifat entre la Saintonge
   & l'Angoumois.

Arches, Principauté à Charleuille.

Arcis, ville de Champaigne fur Aube.

Ardée, Riu. de Normandie en l'Euefché d'Avranches.   (nois.

Ardenay, V. en Berry pres du Bourbon-

Ardennes, Foreft fur la frontiere de
   Champagne & de Luxembourg aux
   Pays-bas.

Ardes, V. en Auuergne.

Ardefche, Riu. en Languedoc.

Ardre, Riu. en Bretagne pres Nantes.

Arduffon, Riu. de Champagne entre en
   la Seine.

Ardres, V. en Picardie à 4. l. de Calais.

Argences, B. de Normandie, en l'Euefché de Bayeux.

Argens, Riu. en Prouence.

Argens, V. du Berry.

Argent, Riu. en Bourbonnois.

Argentac, V. en Limofin.

Argentan, V. de Normandie fur Orne.

Argenteüil, V. en l'Isle de France sur
   Seine.

l'*Argentiere*, V. en Viuarais.

Argenton, V. en Berry sur Creuse.

Argenton, V. & Riu. du haut Poictou.

Argilly, V. de Bourgogne, entre Beaune & Cisteaux.

Argonne, petit Pays sur les frontieres
   de Champagne & de Lorraine.

Arguenon, Riu. en haute Bretagne.

Arlenc, V. en Auuergne.

Arles, V. & A. en Prouence.

Arlou, V. de Bresse sur Rhosne.

Armagnac, Pays de Gascogne.

Armance, Riu. au Senonois.

Armanson, Riu. à sa source en Bourgogne, & passe en Champagne.

Arnay-le Duc, V. de Bourgogne sur
   Aroux.

Arnon, Riu. en Berry.   [piegne.

Aronde, Riu. entre en l'Oyse à Com-

Arq en Barrois, V. de Bourgogne, pres
   de Champagne.

Arques, B. Ch. & Riu. au pays de Caux.

Arquien, Marquisat au Niuernois.

les *Arqs*, Marquisat en Prouence.

Arreu, V. en Comminges.

A iiij

Arroux, Riu. en Bourgogne.

Arseville, V. entre Orleans & Estápes.

Artenay, V. en Beauce.

Artonne, V. en Auuergne.

Aruert, Seig. en Saintonge.

Arziliurs, V. de Champagne au midy
     de Vitry-le-François.

Aspech, V. en Comminges.

Aspremont, V. au bas Poictou.

Aspres, V. en Dauphiné.

Assas, V. pres Mont-Pellier.

Assac, Marquisat pres Rennes.

Assigny, V. du Retelois sur Aisne.

Avaule Limosine, V. en la Marche.

Avalon, V. de Bourgogne prés du Ni-
     uernois.

Aubaigne, V. en Prouence.

Aube, Riu. de Champagne.

Aubenas, V. en Viuarais.

Aubenton, V. & Riu. en Tierache.

Aubeterre, V. & Seig. entre la Sainton-
     ge & le Perigort.

Aubigney, V. en l'Euesc. de Rennes.

Aubigny, V. du Berry.

Aubigny, V. au Retelois.

Aubusson, V. en la Marche.

Auch, V. & A. en Armagnac.

Aude, Riu. en Languedoc.

Auenay, V. de Champagne au voisinage de Marne.

Aueudre, V. du Bourbon. sur Allier.

Aueyrou, Riu. en Roüergue.

A ſen, Riu. en baſſe-Bretagne.

Auge, pays en Normandie.   [Brie.

A ge, Riu. entre la Champagne & la

A vignon, V. & A. ſur le Rhoſne.

Aujou, Riu. de Champagne entre en
l'Aube.

Aujoure, V. en Baſſigny.

Auize, V. de Champagne au couchant
de Chaalons.

Aulane, V. en Languedoc.

Auherges, V. én Auuergne.

Auips, V. en Prouence.

A male, V. & Duché de Normandie,
au voiſinage de Picardie.

A ment, V. au Retelois.

A nay, V. du Poictou pres de Saintonge.   [France.

A nay, B. & petit Pays en l'Iſle de

A neau, V. en Beauce.

A nis, petit Pays entre la Saintonge
& le Poictou.

A noy, V. au Retelois.

A v

Auragais, Pays en Languedoc.

Avranches, V. & Eu. en Normandie.

Auray, V. en baſſe-Bretagne.

Aure, Riu. entre le Perche & la Normandie.

Aure, Riu. de Normandie ſe perd en terre pres Bayeux.

Auregne, petite Riu. en Picardie, au Leuant d'Hyuer d'Amiens.

Auriac, V. du haut Languedoc.

Aurigney, V. de Poiƈtou, pres la Touraine.

Auron, Riu. paſſe à Bourges.

Auſſone, V. de Bourgogne ſur Saone.

Auroux, V. entre la Bourgogne & le Niuernois.

Authie, Riu. en Picardie ſur la frontiere d'Artois.

Aution, Riu. en Anjou.

Autize, Riu. au bas-Poiƈtou.

Auton, V. au Perche.

Autruy, V. entre Orleans & Eſtápes.

Autry, V. de Champagne ſur Aiſne.

Autun, V. & Eu. en Bourgogne.

Autunois, Pays de Bourgogne.

Auuergne, Prouince 23. D. long. 44. D. 30. min. lat. S.

Auxerre, V. Eu. en Bourgongne.

Auxerrois, Pays en Bourgogne.

Auxi, B. fur Authie, moitié en Picardie moitié en Artois.

Auxois, Pays de Bourgogne.

Auzance, V. en Combraille.

Auzon, V. en Auuergne.

Ay, V. de Champagne au voifinage de Marne.

Aygue-perfe, V. en Auuergne.

Aymet, V. en Perigort.

Ayquefé, V. en Languedoc.

Ayre, V. & Eu. en Gafcogne.

les *Ays*, d'*Angillon*, V. en Berry.

Ayfenc, V. en Roüergue.

Azargue, Riu. en Lyonnois.

Azay le Ferron, V. en Touraine.

Azay le Rideau, V. en Touraine fur Indre.

Azille, V. en Languedoc.

B

B *Agneres*, V. en Bigorre.

Bagnols, V. en Languedoc.

Bagnols, V. en Giuaudan.

Bajaumont, V. en Agenois.

Baignac, V. en Quercy.   [la Seine.

Baigneux les Iuifs, V. de Bourgogne pres

A vj

Bain, V. en l'Eu. de Rennes.
Baïonne, V. & E. dans les Basques.
Baise, Riu. en Armagnac.
Baize, V. de Bourgogne au Leuant d'E-
  sté de Dijon.
Balleruc, V. au bas-Languedoc.
Ballestat, B. en Foix.
Ballon, V. du Maine.
Bandiat, Riu. en Angoumois.
Bar, Riu. du Barrois.
Bar, Riu. du Retelois.
Barbaste, V. pres Nerac.
Barberat, V. sur l'Aude.
Barbezieux, V. aux confins de Sainton-
  ge & Angoumois.
Barbonne, V. en Brie.
Bardonenche, V. en Dauphiné.
Barfleur, V. du Coutantain sur la Mer.
Bargamon, V. en Prouence.
Bargelone, Riu. en Quercy.
Barilles, V. au Pays de Foix.
Barneville, au Coutantain sur la Mer.
les Baronnies, Pays en Dauphiné.
Barraux, Fort pres Grenoble.
Barre, V. de Languedoc pres du Rou-
  ergue.
la Barre, V. en l'Eu. d'Evreux.

Barreme, V. en Prouence.   [pagne.
Barse, petite Riu. pres Troyes en Chã-
Barselone, V. en Armagnac.
Bar-sur-Aube, V. en Champagne.
Bar-sur-Seyne, V. en Bourgogne.
Baryoulx, V. en Prouence.
Basouge, V. en l'E. de Rennes.
Basques, Peuples en Gascogne.
Bassigny, Pays en Champagne.
la *Bastide*, V. en Armagnac.
la *Bastide*, V. a 7. l. de S. Bertrand de
   Comminges.
la *Bastide le denac*, V. en Albigeois.
Bastie-neufue, V. pres Embrun.
Baue, Riu. en Quercy.
Baugé, V. en Anjou.
Baugy, V. en Berry.
la *Baume*, Marquisat en Dauphiné.
Baux, Marquisat en Prouence.
Bayeux, V. & E. en Normandie.
Bayons, V. de Prouence prés du Dau-
   phiné.
Bays sur Bay, V. en Viuarais.
Bazadois, Pays en Guyenne.
Bazas, V. & E. en Guyenne.
Bazieoue, V. à 4. l. de Toulouze.
Bazoche-Goüet, V. au Perche.

B

B zoges, V. du bas- Poictou.

Bearn, Prouince 18. D 45. min. long. 42.
    D. 45. min. lat. S.

Beaucaire, V. en Languedoc.

Beauce, Prouince 22. D. 30. min. long.
    48. D. Lat. S

Beauchastel, V. en Viuarais.

Beaufort, V. en Anjou.

Beaufort, Duché en Champagne.

Beaugency, V. entre Orleans & Blois.

Beaugencier, belle maison en Prouence.

Beaulieu, V. en Beaujolois.

Beaujolois, Pays pres du Lyonnois.

Beaulieu, V. en Berry, pres de Loyre.

Beaulieu, V. de Champagne, sur la fron-
    tiere du Barrois.

Beaulieu, V. en Limosin.

Beaumarchais, V. en Armagnac.

Beaumont, V. sur Oyse, entre Paris &
    & Beauuais.

Beaumont, V. du Coutantin.

Beaumont, V. en Dauphiné.

Beaumont, V. au Maine, vers l'Anjou.

Beaumont, V. en Perigort.

Beaumont, V. en Touraine.

Beaumont en Argonne, V. de Champagne
    au voisinage de la Meuse.

Beaumont de Lomagne, V. en Armaignac.

Beaumont-le-Roger, V. en l'E. d'Evreux.

Beaumont le Vicomte, V. du Maine.

Beaune, V. en Bourgogne.

Beaupreau, V. & Duché en Anjou.

Beauquefne, B. en Picardie, entre Amiens & Dourlens.

Beaurepaire, V. au Viennois.

Beaurepaire, V. du bas-Poictou.

Beauuais, V. & E. au Gouuernement de l'Isle de France.

Beauuoir, V. en Dauphiné.

Beauuoir-sur-mer, V. en Poictou.

Beauuoisis, Pays au Gouuernement de l'Isle de France.

Bec de rioux, V. en Languedoc.

Becherel, V. en l'E. de S. Malo.

la Begude, V. en Prouence.

Belac, V. en la Marche.

Belain, V. en l'E. de Nantes.

Belcastel, V. en Roüergue.

Beligny-sur-Ouche, V. en Bourgogne.

Bellabre, V. en la Marche.

Bellegarde, V. de Bourgogne sur Saone.

Bellenaues, Seign. au Bourbonnois.

Bellesme, V. au Perche.

Belleuente, V. en la Marche.

Belleville, V. en Beaujolois.

Belley, V. & E. en Bresse.   [Comté.

Belliesvre, V. de Bourgogne pres du

Bell'Isle, Isle au midy de Bretagne.

Bell'Isle, B. en l'E. de Treguier.

Belloc, V. en Bearn.

Belmont, V. en Roüergue.

Belpuech, V. au Pays de Foix.

Beluer, V. en Perigort.

Beluic, V. en Quercy.

Benaise, Riu. en la Marche.

Benauges, Comté en Guyenne aux en-
    uirons de Cadillac.

Benays, V. du Poictou, sur Charante.

Benegon, V. en Bourbonnois.

Berseüil, V. entre Thoulouse & Lauaur.

Bergerac, V. en Perigort.

Bernay, V. de Normandie, entre Evreux
    & Lisieux.

Bernieres, V. de l'E. de Bayeux.

Berre, V. en Prouence.

Berri, Prouince 22. D. long. 47. D.
    Lat. S.

Bertignac, V. en Auuergne.

Bertoncelle, V. au Perche.

Besancy, V. du Retelois.

Besgne, V. en Saintonge.

Besoles, V. en Armagnac.

Besse, V. en Auuergne.

Besse, V. au Maine, pres du Vendosmois.

Besses, V. en Dauphiné.

Bessin, Pays en Normandie.

Besure, Riu. en Bourbonnois.

Beuue, Riu. à Bazas.

Beuueron, Marquisat en l'E. de Lisieux.

Beuueron, Riu. en Sologne.

Beziers, V. & Duché au bas Languedoc.

le *Bias*, V. en Quercy.

Bidouse, Riu. dans les Basques.

Bieure, ou *les Gobelins*, Riu. prés Paris.

Biez, Riu. passe à Courtenay.

Bigorre, Pays de Gascogne.

Billy, V. en Bourbonnois.

Bioule, V. en Quercy.

Biron, Baronie en Perigort.

Bise, V. en Languedoc.

Biaur, Riu. en Roüergue.

Bidasche, Souueraineté dans les Basques.

Billom, V. en Auuergne.

Blaignac, V. en Bazadois.   [Marne.

Blaise, Riu. de Champagne entre en la

Blaise, Riu. au Perche.

Blaisois, Pays sur Loyre.

Blangis, B. de Normandie sur la frontiere de Picardie.

Blanc, V. de la Marche sur Creuse.

Blanc en Berry, V. sur Creuse.

Blandainville, V. en Beauce, entre Chartres & Chasteau-Dun.

Blandy, B. & Ch. en Brie.

Blanet, V. de Bourgogne au Septemtrion d'Autun.

Blansac, V. en Angoumois.

Blauet, V. & Riu. en basse Bretagne.

Blaye, V. & Comté en Guyenne.

Blaye, V. en Albigeois.

Bieré, v. en Touraine sur Cher.

Blesle, v. en Auuergne.

Blesneau, v. en Gastinois sur Loin.

Blois, v. sur Loyre, entre Orleans & Tours.

Bocne, v. en Beauce.

Bohaim, v. de Picardie, pres du Cābresis.

Boisbelle, V oyes Enrichemont.

Bois-commun, v. à 6. l. de Montargis vers le Couchant.

Boisen, v. pres Toulouse.

Bois saincte Marie, v. au Charolois.

Boisseron de Maruiez, v. de Languedoc, pres du Roüergue.

Bologne, v. en Armagnac.

Bonais, Riu. entre en la Vilaine.

Bonnmasour, v. de Poictou sur Vienne.

Bonmoulins, v. de l'E. de Seez.

Bonlieu, v. en la Marche.

Bonnefons, v. au Lyonnois.

Bonneheur, Riu. en Sologne.

Bonnelle, v. à 9. l. de Paris, vers le Couchant d'Hyuer.

Bonnestable, v. du Maine.

Bonnette, Riu. entre le Quercy & le
Roüergue.

Bonneual, v. en Beauce sur Loir.

Bonnaut, Marquisat pres Poictiers.

Bonny, v. sur Loire en Puisaie.

les *Bordes*, v. entre Foix & Rieux.

Bort, v. en Limosin.

Boucieu, v. en Viuarais.   [miens]

Bouc, Marquisat en Picardie pres d'A-

Bouen, v. en Forez.

Bouez, Riu. en Armagnac.

Bouillac, v. en Roüergue.

la *Boüille*, B. de Normandie au dessous
de Roüen.

Boüin, Isle pres du Poictou.

Boulennois, Pays en Picardie.

Boulogne, v. & Comté de Picardie, sur
la Mer.

Boulogne, Riu. au bas-Poictou.

Bouqueiran, v. en Languedoc.

Bourbō-lancy. v. de Bourgogne sur Loire.

Bourbon-larchambault, v. du Bourbon-
nois.   [Bassigny,

Bourbonne-les-Bains, B. & Marquisat en

Bourbonnois, Prouince 23. D. 30. min.
long. 46. D. lat. S.

Bourbriac, v. en l'E. de Treguier.

Bourdeaux, v. & A. capitale de Guyenne.

Bourdeilles, Marquisat en Perigort.

Bourdelois, Pays en Guyenne.

Bourg-en Bresse, v. capitale.

Bourg sur Mer, v. en Guyenne.

Bourg d'Argental, v. en Forez.

Bourg-le-Comte, v. aux confins de Bourgogne, Forez, & Bourbonnois.

Bourg-deols, v. en Berry sur Indre.

Bourgnouueau, v du bas-Poictou.

le *Bourg-d'Oisans,* v. en Dauphiné.

Bourg-la-Reine. B à 2. l. de Paris.

Bourg de Thizy, v. en Beaujolois.

Bourg-a-neuf, v. en la Marche.

Bourges, v. & A. capitale du Berry.

le *Bourget.* B. au voisinage de Paris.

la *Bourgniere,* v. pres Castres.

Bourgogne, Prouince 25. D. long. 47.

D. lat. S.

Bourgueil, v. en Anjou.
Bournazel, v. en Albigeois.
Bournazet, v. en Roüergue.
Bournonville, Seigneurie en Picardie.
Bourniquet, v. en Quercy.
Boussac, v. en Berry.
Boutessac, v. en Limosin.
Bouteville, v. en Angoumois.
Boutheon, v. en Forez.   [tonge.
Boutonne, Riu. en Poictou, & en Sain-
Bouzan, Riu. en Bresse.
Bouzanc, Riu. en Berry.
Brajols, v. en Roüergue.   [nus.
Brancion, v. en Bourgogne à 3. l. de Tor-
Brandons, v. de Bourgogne à 4. l. d'Au-
tun.
Brane, v. en Bazadois.
Bransle, v. en Gastinois.
Bransle, Riu. en Touraine.
Brantes, v. au Comtat d'Auignon.
Brassac, v. pres Castres.
Brassempoy, v. en Gascogne.
Bray, petit Pays de Normandie, au Le-
uant de Roüen.
Bray-sur-Seine, v. en Champagne.
Bray, v. de Picardie, sur Somme.

Braye, Riu. au Maine.

Brayne, v. de Champagne sur Vesle.

Brebince, Riu. au Charolois.

Breche, Riu. en Beauuaisis.

Bregançon, Tour sur la coste de Prouēce.

Brenne, Riu. de Bourgogne en Auxois.

la *Breoulx*, v. de Prouence, pres du Dauphiné.

Brescou, ch. sur la coste de Languedoc.

Bresle, Riu. entre la Picardie, & la Normandie.

Bresolles, v. au Perche.

Bresse, Prouince. 26. D. long. 45. D. 30. min. lat. S.

Bressuyre, v. du haut-Poictou.

Brest, v. en la basse Bretagne.

Bresteau, v. du Maine sur Huysne.

Bretagne, Prouince 14. D. 45. min. long. 48. D. lat. S.

Bretagne, v. en Armagnac.

Bretenous, v. en Quercy.

Breteuil, B. en l'E. d'Evreux.　　　[miens.

Breteuil, B. en Picardie, au Midy d'A-

Brezolles, v. pres Montauban.

Briançon, v. en Dauphiné.

Briançonnois, Pays en Dauphiné.

Briare, v. sur Loire 15. l. au dessus d'Orleans.

Briatefte, v. de Lang. fur Dadou.

Briauté, Marquifat au Pays de Caux.

Bricquebecq, v. du Coutantin.

Brie, Prouince de Champagne.

Brie-Françoife, au Gouuernement de l'Ifle de France.

Brie-poüilleufe, partie de la Brie, vers le Leuant d'Efté.

Briet, v. en Limofin.

Brienne, v. de Champagne fur-Aube.

Brieul-fur-Bar, v. au Retelois.

Brignolle, v. en Prouence.

Brignon, v. du Senonois.   [che.

Brigueil laifné, v. du Poictou en la mar-

Brinais, v. en Lyonnois.

Brionne, C. en Normandie 9. l. au Couchant d'Hyuer de Roüen.

Brioufe, B. en l'E. de Seez.

Briffac, v. & Duché en Anjou.

Brinazac, v. en Roüergue.

Briue, v. en Limofin.

Briuezac, v. en Limofin.

Bri-Comte-Robert, v. en Brie.

Brons, v. en l'E. de S. Malo.

Broffe, Ch. en la Marche.

Brou, v. au Perche.

Brouäge, v. forte en Saintonge.
Broüageais, Pays en Saintonge.
Brougnies, v. en Roüergue.
Bruges, v. en Bearn.
Bruieres, v. pres Toulouse.
Bruillois, petit Pays en Armagnac.
Brulh, v. en Armagnac.
Brullon, v. & Comté au Maine.
Brusques, v. en Roüergue.
Buelch. Riu. en Dauphiné.
Bugey, Pays en Bresse.　　　　　　[rante.
Buin, Riu. de Poictou, entre en la Cha-
Bulles, v. en Beauuaisis.
Burd, Riu. passe à Coutances.
Busse, Riu. du haut Poictou.
Bussiere-Poicteuine, v. de la Marche, pres
　　du Poictou.
Bussy, v. de Bourgogne au Chalonois.
Buxeuil, v. en Berry.
le Buys, v. en Dauphiné.
Buzancais, v. de Berry sur Indre.
Buzet, v. en Basadois.
Buset, v. de Languedoc sur Tarn.

C

Cadelens, v. en Albigeois.
Cadillac, v. en Guyenne.
Cadenac, v. en Quercy.

Caderousse, v. du Comtat d'Auignon.

Caen, v. en basse Normandie sur Orne.

Cahors, v. & E. Capitale de Quercy.

Cajeusac, v. en Albigeois.

Calac, V. en l'E. de Cornoüaille.

Calais, v. de Picardie la plus Septem-
trionale de France.

Callian, v. en Prouence.

Callone, petite Riu. en l'E. de Lisieux.

Caluinet, v. en haute Auuergne.

Campagne, v. en Armagnac.

Campan, v. en Bigorre.

Cancale, v. pres S. Malo.

Canche, Riu. à sa source en Artois, &
passe à Montreüil en Picardie.

Cande, v. en Anjou pres de Bretagne.

Candé, v. en Anjou sur Loyre.

Canillac, Marquisat en haute Auuergne.

Canisi, Marquisat au Coutantin.

Canle, Riu. en Sologne.

Cannes, v. en Prouence.

Cannes, v. en Languedoc.

Canourgue, v. en Giuaudan.

Cantal, Montagne en Auuergne.

Cany, Seigneurie au Pays de Caux.

la *Capelle*, B. & Forteresse de Picardie
en Tierache.

C

Caffioux, v. en Bazadois.

Caramous, v. en Albigeois.

Carcaffes, Pays en Languedoc.

Carcaffone, v. & E. en Languedoc.

Carces, Comté en Prouence.

Cardillac, Seigneurie en Quercy.

Currennac, V. en Quercy.

Carentan, V. & Riu. au Coutantin.

Carentone, Riu. entre les E. d'Evreux &
　　Lifieux.

Carlac, V. entre Pamiers & Rieux.

Carlat, V. & Côté en haute Auuergne.

Carmain, V. & Comté à 7. l. de Tou-
　　loufe.　　　　　　　　　　　[Sees.

Carouges, Seig. de Normandie en l'E. de

Carpentras, V. & E. au Comtat d'Aui-
　　gnon.

Carroux, V. en Bourbonnois.

Caruilis, V. 7. l. au Septemtrion de Breft.

Cafaubon, V. en Armagnac.

Caffaigne, V. en Condomois.

Caffeneuil, V. en Agenois.

Caftelgeloux, V. en Bazadois.

Caftelgeloux, V. pres d'Auch.

Caftello, V. de l'E de Comminges.

Caftel-moron, V. en Agenois.

Caftel-moron, V. en Bazadois.

Caftelnau, V. en Medoc.
Caftelnau-de-Bagneres, V. de Gafcogne, fur Gers.
Caftelnau-de-Barbarens, V. en Armagnac.
Caftelnau-de-mefmes, V. en Bazadois.
Caftelnau-de-Montmirail, V. en Albigeois.
Caftelnau-de-Montratier, V. en Quercy.
Caftelnau-de-trige-Fon, V. pres Toulouse.
Caftel-moron, V. pres Toulouse.
Caftel-Sacrat, V. en Agenois.
Caftel-Sarrazin, V. de Languedoc.
Caftets, Vicomté au Bazadois.
Caftillon, V. en Conferans.
Caftillon-de-Medoc, V. fur Garomne.
Caftillon, V. en Perigort.
Caftillones, V. en Agenois.
Caftres, V. & E. du haut Languedoc.
le *Catelet,* V. du Vermandois en Picardie.
Catus, V. en Quercy.
Cauaillon, V. & E. au Comtat d'Auignõ.
la *Caualerie,* V. en Roüergue.
Caudebec, V. du Pays de Caux.
Caudrot, V. en Bazadois.
Caudes-coftes, V. en Armagnac.
Caumont, V. en Armagnac.
Caumont, V. au Pays de Foix.

Caumont, v. de Guyenne sur Garomne.

la *Caune*, ville du Languedoc pres du Roüergue.

Caussade, v. en Quercy.

Causse, haute partie du Quercy.

Caux, Pays en Normandie.

Cayarc, V. en Quercy.

le *Caylar*, V. pres Lodeue.

Caylus-de-bonnette, V. de Quercy.

Cazeres, V. en Comminges.

Cazeres, V. en Gascogne.

Celle, petite Riu. de Picardie, entre en la Somme prés d'Amiens.

Celle-dunaise, V. en la Marche.

Celles-en-Berry, V. sur Cher.

Cellies, V. de Languedoc, à 5. l. de Lodeue.

Cere, Riu. en haute-Auuergne.

Cercy-la-Tour, V. au Niuernois.

Cerfroid, Abbaye chef d'Ordre de la Redemption des Captifs en l'E. de Meaux.

Cernay en Dormois, V. au Remois.

Ceuennes, Montagnes, & Pays 24. D. long. 44. D. lat. S.

Chaalons sur Marne, V. & E. en Champagne.

Chabanois, V. de Marche sur Vienne.

Chabeuil, V. en Dauphiné.

Chablys, V. du Gouuernement de Chãpagne, au voisinage de Bourgogne.

Chabris, V. du Berry.   [Beaune.

Chaigny, V. de Bourgogne au Midy de
la *Chaize le Vicomte*, V. du bas-Poictou.

Chalabre, V. au Pays de Foix.

Chalais, Principauté entre la Saintonge & le Perigort.

Chalais, V. en la Marche pres du Berry.

Chalamont, V. en la Souueraineté de
Dombes.   [gogne.

Chalancey, V. de Bassigny pres de Bour-

Chalançon, V. en Viuarais.

Chalendre, Riu. en Saintonge.

Challarine, Riu. en Bresse.   [gne.

Challon-sur-Saone, V. & E. en Bourgo-

Challonnois, pays en Bourgogne.

Challosse, Pays en Gascogne.

Chamblys, V. au Vexin François.

Chambon, V. en Combraille.

Chambort, belle maison à 4. l. de Blois.

Chambrais, B. de l'E. de Lisieux.

Chamelet, V. en Beaujolois.

Chamlemy, V. au Niuernois.

Champagnac, V. en Limosin.

C iij

Champagne, Prouince 24. D. 30. min.
long. 48. D. lat. S.

Champagne, petit Pays en Normandie,
aux enuirons d'Evreux.

Champagne-mouton, V. de Poiĉou pres
l'Angoumois.　　　　　[Poiĉou.

Champeaux, B. de la Marche pres du

la Champenoife, V. en Berry.

Champrond, V. au Perche.

Chamfaur, Duché en Dauphiné.

Chandaulnay, V. du bas Poiĉou.

Chandenier, V. & Marquifat au Poiĉou.

Chandenier, V. en Saintonge.

Chandieu, V. en Forez.

Chantelle-le-Chaftel, V. en Bourbõnois.

Chantilly, ch. au voifinage de Senlis.

Chantrezan, V. de la Marche, pres de
l'Angoumois.

Chaours, V. du Senonois.

Chapeau-cornu, V. au Viennois.

la Chapelle-d'Angillon, V. en Berry.

la Chapelle-Gautier, V. en Brie.

la Chapelle-la-Reine, V. en Gaftinois.

la Chapelle Royale, V. au Perche.

Chappes, Seigneurie au Retelois.

Charante, Riu. à fa fource en Angoum.

Charanton, V. en Bourbonnois.

la *Charité*, V. du Niuernois fur Loire.

Charleual, B. & ch. à 3. l. de Roüen.

Charleville, V. en Châpagne fur Meufe.

Charlieu, V. en Beaujolois.

Charros, V. & Comté en Berry.

Charolles, V. en Bourgogne.

Charollois, Pays en Bourgogne.

Charroux, V. du haut-Poictou.

Pays *Chartrain*, fait partie de la Beauce.

Chartres, V. & E. en Beauce.

grand'*Chartreuſe*, pres Grenoble.

Chaſſeillay, V. au Lyonnois.

Chaſſeneuil, V. en Angoumois.

la *Chaſtagneraye*, v. au bas-Poictou.

Chaſteau-en-Anjou, v. pres de Touraine.

Chaſteau-Chinon, v. entre la Bourgogne & le Niuernois.

Chaſteau-Boucq, en Viuarais.

Chaſteau-Brin, v. en l'E. de Nantes.

Chaſteau-Dauphin, fur la frontiere de Dauphiné & d'Italie. [tres.

Chaſteau-Dun, v entre Blois & Char-

Chaſteau-Giron, v. en l'E. de Rennes.

Chaſteau-Gontier, v. en Anjou.

Chaſteau-Landran, v. à 4. l. de S. Brieux.

Chaſteau-Landon, v. en Gaftinois.

C iiij

Chasteau-lin, v. en l'E. de Cornoüaille.
Chasteau-du-Loir, v. au Maine.
Chasteau-meillan, v. en Berry.
Chasteau-morant, v. en Forez.
Chasteau-mur, v. du bas-Poictou.
Chasteau-neuf, v. en Anjou sur Sarte.
Chasteau-neuf, v. au Charolois.
Chasteau-neuf, v. vers le milieu de la
    Bourgogne.
Chasteau-neuf, v. en Angoumois.
Chasteau neuf, v. en Berry sur Cher.
Chasteau-neuf, v. en Forez.
Chasteau-neuf de Galaure, v. au Viennois.
Chasteau-neuf, v. pres S. Malo.
Chasteau-neuf, v. en l'Orleanois.
Chasteau-neuf en Thimerais, v. au Perche.
Chasteau-neuf, v. capitale du Valromey.
Chasteau-ponsac, v. en la Marche.
Chasteau-Portien, v. de Champagne sur
    Aisne.
Chasteau-Regnard, v. en Gastinois.
Chasteau-Regnaud, v en Angoumois.
Chasteau-Regnaud, v. en Touraine.
Chasteau-Regnaud, Principauté sur la
    Meuse, entre la Champagne & les
    Pays-Bas.
Chasteau-Roux, v. en Berry sur Indre.

Chasteau-Sanglar, v. en la Marche.

Chasteau-Thibaut, v. de Bretagne pres du Poictou.   [Marne.

Chasteau-Thierry, v. de Champagne sur

Chasteau-Villain, v. & Comté en Champagne sur la frontiere de Bourgogne.

le *Chastelet*, v. à 3. l. de Melun, au Leuant d'Hyuer.

Chastellacher, v. pres Poictiers.

Chastelleraud, v. de Poictou sur Vienne.

Chastelus, v. de la Marche.

Chastenay, v. en Beauce.

Chastillon-en-Bazois, v. au Niuernois.

Chastillon-les-Dombes, v. en Bresse.

Chastillon-sur-Indre, v. en Touraine.

Chastillon-sur-Loing, v. en Gastinois.

Chastillon-sur-Loyre, v. en Berry.

Chastillon, sur Marne, V. de Champagne.

Chastillon de Michaille, V. de Bresse au voisinage de Sauoye.

Chastillon-sur-Seyne, V. de Bourgogne.

Chastillon, V. en Sologne sur Saudre.

Chastillon-de-Vendelais, V. en l'E. de Rennes.

la *Chastre*, V. en Berry sur Indre.

la *Chastre*, V. du Maine sur Loir.

la *Chastre-le-Vicomte*, V. en la Marche.

Chatres, V. à 8. l. de Paris vers le Midy.

Chauanges, V. en Champagne, au Midy de Vitry.

Chaudes-Aigues, V. en haute Auuergne.

la *Chaume*, ch. de Poictou sur Mer.

la *Chaume*, V. du Gouuernement de Champagne au voisinage de la Bourgogne.

Chaumes, V. en Brie.

Chaumont, v. en Bassigny.

Chaumont, v. de Dauphiné pres d'Italie.

Chaumont, v. en Sologne.

Chaumont, v. au Vexin François.

Chaunay, v. du haut-Poictou.

Chaune, Duché en Picardie au Pays de Santerre.

Chauni, v. de Picardie sur Oyse.

Chaußin, v. de Bourgogne sur le Dou.

Chauuigncy, v. de Poictou sur Vienne.

Chazay, v. au Lyonnois.

Chazelles, v. en Forez.

Chazey, v. en Bresse sur Dain.

Chef-Bontenne, v. du haut-Poictou.

Chelles, v. & Abbaye, en l'Isle de Frāce entre Paris & Meaux.

Chemille, v. en Anjou.

Cheneraille, v. en la Marche.

Chenonceaux, ch. en Touraine fur Cher.

Cher, Riu. à fa fource en Auuergne.

Cherbourg, v. de Normandie au Coutantin.

Cherly, v. de Champagne fur Marne.

Cherny, v. en Gaftinois.

Cheroy, v. en Gaftinois, à 5. l. de Nemours vers le Leuant.

Chefnebrun, v. du Perche au voifinage de Normandie.

Cheureufe, Duché à 6. l. de Paris, vers le Couchant d'Hyuer.

le *Cheylar*, v. en Viuarais.

la *Cheze*, v. en l'E. de S. Brieux.

la *Cheze-Dieu*, v. en Auuergne.

Chezy, v. de Brie fur Marne.

Chilleur, v. en Beauce.

Chinon, v. de Touraine.

Chirac, v. en Giuaudan.

Chiffey, v. de Bourgogne au Septentrion d'Autun.   [ne.

Chizey, v. du haut-Poictou fur Bouton-

Cholet, v. d'Anjou pres du Poictou.

Chorges, v. pres Embrun.

la *Cioutat*, v. fur la cofte de la Prouence.

Cire, v. en Languedoc.

Ciron, Riu. en Bazadois.

Cissé, Riu. en Touraine.

Cisteaux, Abbaye chef d'Ordre en Bourgogne à 5. l. de Dijon.

Cize, Riu. en Languedoc.

Clain, Riu. en Poictou.

Clamecy, v. du Niuernois sur Yonne.

Clairac, v. en Agenois.

Claret, v. pres Sisteron.

la *Clayette*, v. au Charolois.

Clayse, Riu. en Touraine.

Clemensane, v. pres Sisteron.

Clermont, v. & E. capitale d'Auuergne.

Clermont, v. en Beauuaisis.

Clermont-de-Bas, v. en Agenois.

Clermont-d'Entraygues, v. en Agenois.

Clermont-de-Lodeue, v. en Languedoc.

Cleruaux, Abb. sur Aube.

Clery, v. pres d'Orleans.

Clefmont, v. en Bassigny.

Clefmont, v. en Berry.

Clisson, v. de Bretagne prés du Poictou.

Clouere, Riu. du haut Poictou.

Cloye, v. pres Chasteau-Dun.

Clugny, v. & Abbaye chef d'Ordre au
Masconnois.

Clumeng, v. pres Digne.

Cluniac, v. en la Marche.

Cluys dessus & dessous, v. en Berry.

Cœures, Marquisat en l'Isle de France, à 3. l. de Soissons.

Cognac, v. en Angoumois.

Cogolin, v. en Prouence.

Coiffy, v. en Bassigny.

Coincy, v. de Champagne 2. l. au Septemtrion de Chasteau-Thierry.

Coindrieu, v. en Lyonnois.

Coislin, Marquisat en l'E. de Nantes.

Colle, petite Riu. de Champagne pres Chaalons.

Collobriou, v. en Prouence.

Colmars, v. en Prouence.

Colommiers, v. en Brie.

Columiers, v. pres Toulouse.

Comarin, v. & Marquisat, vers le milieu de la Bourgogne.

Combourg, v. de Bretagne entre Rennes & Dol.

Combraille, petit Pays entre la Marche & l'Auuergne.

Combret, v. en Roüergue.

Comminges, Pays en Gascogne.

Comper, v. en l'E. de S. Malo.

Compeyre, v. en Roüergue.

Compreygnac, v. en Roüergue.

D

Comps, V. en Prouence.   [vreux.

Conches, v. de Normandie à 4. l. d'E-

Concreſſaut, v. en Berry.

Condé, Principauté, en Hainaut, & en Champagne entre Chaalons & Meaux.

Condé, Ch. de Normandie ſur Iton.

Condé-ſur-Nereau, v. de l'E. de Bayeux.

Condom, v. & E. en Guyenne.

Condomois, Pays en Guyenne.

Confoulens, v. en la Marche.

Conie, Riu. en Beauce.

Conlié, V. du Maine.

Conquarneau, V. en l'E. de Cornoüaille.

Conquet, B. le plus Occidental de Bretagne.

Conſerans, Pays en Gaſcogne.

Conti, Principauté en Picardie ſur Celle.

Contres, V. à 4. l. de Blois.

Conzieu, V. en Bugey.

Corbeil, V. de l'Iſle de France.

Corbie, V. en Picardie ſur la Somme.

Corbiere, petit Pays pres Narbone.

Corbigny dit S. Leonard, v. en Niuernois.

Corbigny ou S. Marcou, V. de Picardie au Leuant d'Hyuer de Laon.

Corbons, V. pres Digne.

Cordes, V. en Albigeois.
Cordes, V. en Armagnac.
Corlay, Seig. en l'E. de Cornoüaille.
Cormatin, V. en Bourgogne sur Crosne.
Cormeilles, Abbaye de l'E. de Lisieux.
Cormery, V. de Touraine sur Indre.
Cormescluse, V. en Saintonge.
Cormes-Royal, V. en Saintonge.
Cormicy, V. au Remois.
Cornaz, V. en Viuarais.
Corneillan, V. d'Armag. sur Adour.
Cornet, ch. de l'Isle Garnesey des dépen-
   dances d'Angleterre.
Cornoüaille, voyez Quimpercorentin.
Cornus, V. en Roüergue.
Corps, V. en Dauphiné.
Correnfan, V. en Condomois.
Coses, V. en Saintonge.
Cosmon, Riu. au Maine.
Cosnac, V. & Comté en Saintonge.
Cosne, V. en Bourbonnois.
Cosne, V. en Puisaye pres du Niuernois.
Cossé le Viuoin, V. au Maine.
La *Coste S. André*, V. au Viennois.
Couches, V. de Bourgogne, entre Autun
   & Challon.
Coucy, V. à 4. l. de Soissons vers le Sep-

temtrion.

Coudures, V. en Gafcogne.

Coüefnette, petite Riu. en Normandie, fe rend dans le Coüefnon au voifi-nage de la Bretagne.

Coüefnon, Riu. de Bretagne au voifi-nage de Normandie.

Coulange-la-vineufe, v. de l'Auxerrois.

Coulange-fur Yonne, v. de Bourgogne.

Coulié, V. du haut-Poiⅽⅼou.

Coulogne, V. en Armagnac.

Coulonges-les-Royaux, V. au bas-Poiⅽⅼou.

Coulonges-Touarçoifes, v. du haut-Poi-ⅽⅼou.

Coupetrain, V. au Maine.

la Cour, v. en Conferans.

Cournon, v. en Auuergne.

Courreze, Riu. en Limofin.

Courfon, B. en Auxerrois.

Courfon, Riu. au Blaifois.

Courtelain, v. pres Chafteau-Dun.

Courtenay, v. & Principauté en Gafti-nois.

Courtezon, v. en la Principauté d'Orãge.

Courville, v. à 6. l. de Chartres fur Eure.

Coufin, Riu. de Bourgogne en Auxois.

Coutances, v. & E. en Basse-Normandie.
Coutantin, Pays en Normandie.
Coutras, v. de Guyenne pres du Perigort.
la *Couuertoirade*, v. en Roüergue.
Coyse, Riu. en Forez.
Cranne, v. de Picardie au Leuant d'Hyuer de Laon.
Craon, v. en Anjou.
Craponne, v. en Vellay.
Creances, ch. du Coutantin.
Creil, v. sur Oise, à 2. l. de Senlis.
Creisselz, v. en Roüergue.
Cremieu, v. au Viennois.
Creon, v. en Guyenne.
Crespy, v. en Laonnois.
Crespy, v. en Valois.
Creue-cœur, B. & ch. en Picardie.
Cressy, v. en Brie.
Cressy, v. de Picardie sur Serre en Tierache.
Cressy, B. en Picardie à 4. l. au Septemtrion d'Abbeville.
Crest, v. en Dauphiné.
Creuant, v. en Auxerrois.
Creuse, Riu. à sa source en la Marche.
petite *Creuse*, Riu. en la Marche.
Creusy, v. du Senonois.
Criel, v. du Pays de Caux.

Croc, v. en Franc-Aleu.

Croci, B. de l'E. de Sees.

Crodon, v. en l'E. de Cornoüaille.

Croisic, v. en l'E. de Nantes.

Croisille, v. au Maine pres de Bretagne.

Croizet, v. en Forez.

Croppiere, v. en Auuergne.

le *Crotoy*, v. en Picardie, à l'emboucheure de la Somme.

Crou, Riu. passe à S. Denys en France.

Croüy, v. à 4. l. de Meaux.

Crouzan, v. de la Marche.

Crussol, ch. en Viuarais.

Cure, Riu. de Bourgogne en Auxois.

Cussy-les-Forges, v. en Auxois.

Cures, B. en l'E. d'Avranches.

Cuzeaux, v. de Bourgogne au Challonnois.

Cuzery, v. de Bourgogne au Challōnois.

Cuzols, v. en Agenois.

D

DAdou, Riu. en Albigeois.

Daglan, V. en Perigort,

Dain, Riu. de Bresse, sourt en la Franche-Comté.

Damasen, v. en Bazadois.

Dame-Marie, v. en Brie.

Damery, v. de Champagne sur Marne.

Dampiere, v. en l'Isle de France au Couchant d'Hyuer de Paris.

Dampmartin, v. & Comté en l'Isle de France.

Damville, Duché en Normandie, à 4. l. au Midy d'Evreux.

Dancenoir, v. de Champagne sur Aube.

Dangeau, v. au Perche.

Dangu, B. & ch. du Vexin Normand.

Danneuoux, Seignerie de Champagne sur Meuse.

Daon, v. en Anjou sur Mayenne.

Daumasan, v. entre Foix & Rieux.

Dauphiné, Prouince 26. D. long. 44. D. lat. S.

Dax, V. & E. dans les Landes.

le *Dé*, Riu. en Forez.

Decize, V. du Niuernois sur Loire.

Dehune, Riu. en Bourgogne.

Dellette, Riu. en Picardie entre Soissons & Laon.

Denat, v. en Albigeois.

Derual, v. en l'E. de Nantes.

Desurene, v. en Boulenois.

Deux-ans, v. en Languedoc.

Die, V. & E. en Dauphiné.

Dieppe, v. auec port de Mer au Pays
　de Caux.

Dieu-le-faict, v. en Dauphiné.

Digoins, v. de Bourgogne sur Loire.

Digne, V. & E. en Prouence.

Dijon, v. capitale de Bourgogne.

Dinant, v. de Bretagne à 6 l. de S. Malo.

Diois, Pays en Dauphiné.

Dissay, v. en Poictou sur Clain.

Diue, Riu. du haut-Poictou, à Mou-
　courtour.

Diue, Riu. en Normandie, à sa source
　en l'E. de Sees.

Dogny, v. au Perche.

Dol, V. & E. en Bretagne.

Domayne, V. pres Grenoble.

Dombes, Sonueraineté en Bresse.

Domfront, V. du Maine.

Domme, V. en Perigort.

Dompiere, Seign. en la Marche.

Donchery, V. de Campagne sur Meuse.

Donjon, V. en Bourbonnois.

Donneuille, V. pres Toulouse.

Donnesan, petit Pays en Languedoc.

Donzere, Princip. en Dauphiné.

Donzy, V. en Forez.

Donzy, V. du Niuernois.

le *Dorat*, V. en la Marche.
Dordonne, Riu. à sa source en Auuergne.
Dore, Riu. en Auuergne.
Dormans, V. de Champagne sur Marne.
Dormont, V. pres Sisteron.
Dorne, V. du Niuernois pres du Bour-
    bonnois.   [Saone.
Dou, Riu. de Bourgogne entre en la
Douarnenes, V. en l'E. de Cornoüaille.
Douazit, V. en Gascogne.
Double, Riu. en Bourbonnois.
Doué, V. en Anjou.
Doulmeyrac, V. en Agenois.
Dourdan, V. à 3. l. d'Estampes au Cou-
    chant d'Esté.   [d'Artois.
Dourlans, V. en Picardie sur la frontiere
Douzaine, Riu. au Perche.
la *Douze*, V. en Perigort.
Douze, Riu. en Armagnac.
Douzenac, V. en Limosin.
Douzy, V. pres Sedan.
Drac, Riu. en Dauphiné.
Draguignan, V. en Prouence.
Drapcy S. Loup, B. pres d'Autun.
Drance, petite Riu. en l'E. de Bayeux.
Dreue, V. du Niuernois pres de l'Au-
    xerrois.

D v

Dreux, V. aux confins de Normandie, Perche, Beauce & Isle de France.

Drome, Riu. de basse Normandie, se perd sous terre pres Bayeux.

Drome, Riu. en Dauphiné.

Drot, Riu. en Guyenne.

Drouette, Riu. passe à Espernon.

Droune, Riu. en Perigort.

Ducey, B. en l'E. d'Avranches.

Ducy, B. en l'E. de Bayeux.

Duesme, V. de Bourgogne sur Seine.

Dun, V. en la Marche.

Dunes, V. en Armagnac.

Dun-le-Roy, V. en Berry.

Dun-le-Roy, V. au Charolois.

Dunois, Pays en Beauce.

Durance, Riu. à sa source en Dauphiné.

Durance, V. en Bazadois.

Duras, V. & Marquisat en Agenois.

Durenque, V. en Roüergue.

Durestail, V. en Anjou sur Loir.

Dureuels, V. en Agenois.

E

EAune, petite Riu. au Pays de Caux.

Eanse, V. en Armagnac.

Eausan, Pays en Armagnac.

Ecoüan, ch. en l'Isle de France.

Effiat, Marquisat en Auuergne.

Elbœuf, Duché en Normãdie sur Seine.

Elle, Riu. en basse Bretagne.

Elle, petite Riu. en l'E. de Bayeux.

Eloene, Riu. en basse-Bretagne.

Embrun, V. & A. en Dauphiné.

Embrunnois, Pays en Dauphiné.

Encausse, V. en Armagnac.

Encre, ou *Albert*, V. en Picardie au Leuant d'Esté d'Amiens.

Encre, Riu. passe à Encre.

Enezat, V. en Auuergne.

Engraine, Riu. au Maine.

Endonville, V. entre Oleans & Estãpes.

Enrichemont, V. & Princip. en Berry.

Entraygues, V. en Auuergne.

Entraygues, V. en Roüergue.

Entre-deux-Mers, Pays en Guyenne.

Entreuaux, V. pres Glandeues.

Epte, Riu. separe les Gouuernements
de l'Isle de France & de Normãdie.

Errenée, V. & Riu. au Maine.

Errieu, Riu. en Viuarais.

Eruë, Riu. au Maine.

Esbreüilles, V. en Auuergne.

Esclairon, V. de Champagne, à 2. l. de
S. Dizier.

D vi

Escomoy, V. du Maine.

Escouchey, B. en l'E. de Sees sur Orne.

Escouys, B. de Normandie entre Roüen & Gisors.

Espaliou, V. en Roüergue.

Espernay, v. de Champagne, pres de Marne.

Espernon, Duché, à 12. l. de Paris vers le Couchant d'Hyuer.

Espineuil, v. en Bourbonnois.

Espoisse, v. en Auxois.

Essey, v. & ch. de Normandie, pres de Sees.

Essoue ou Estampes, Riu. à Estampes.

Estafort, v. en Condomois.

Estain, v. en Roüergue.

Estampes, v. & Duché en Beauce.

Estaples, v. en Picardie sur Canche.

Estarreau, Riu. en haute-Auuergne.

Estoille, v. en Dauphine.

Estouteville, Duché au pays de Caux.

Estrac, Pays en Armagnac.

Estrechi-le-Larron, v. à. 2. l. d'Estampes.

Estrehan, Port de Mer en Normandie, à l'emboucheure d'Orne.

Estreu-au-pont, B. en Tierache.

Esvaon, v. en Combrailles.

Eu, v. & Comté au Pays de Caux.

Eure, Riu. à sa source au Perche, & passe à Chartres.

Eure, Riu. passe à Bourges.

Evreux, v. & E. en Normandie.

Euron, v. au Maine.

Exidüil, v. en Perigort.

Exilles, ch. en Dauphiné pres d'Italie.

Eymotiers, v. en Limosin.

Eyrault, Riu. en Languedoc.

Eyrieu, v. au Viennois.

F

FAlaize, v. de Normandie, en l'E. de Sees.

la *Fauche*, v. & ch. en Bassigny au voisinage de Lorraine.

le *Faroet*, v. en l'E. de Cornoüaïle.

Faye la-Vineuse, v. de Poictou pres de la Touraine.

Feletin, v. en la Marche.

la *Fere*, v. de Picardie sur Oyse.

Fere-Champenoise, v. en Champagne.

la *Ferté*, v. pres Chasteau-Dun.

la *Ferté-Alais*, v. à 3. l. d'Estampes au Leuant d'Esté.

la *Ferté-sur Aube*, v. de Champagne.

la *Ferté-Aurain*, v. à 8. l. au Midy d'Or-

E

leans.   [Perche.
la *Ferté-Besnard*, v. du Maine pres du
la *Ferté en Bray*, v. de Normandie.
la *Ferté-Gaucher*, v. en Brie.
la *Ferté-sur-Grosne*, v. de Bourgogne au
    Challonois.
la *Ferté-Imbaut*, v. du Berry sur Saudre.
la *Ferté sous-Ioüerre*, v. de Brie sur Mar-
    ne.
la *Ferté-Loupierre*, v. en Gastinois.
la *Ferté-Macé*, v. du Maine pres de Nor-
    mandie.
la *Ferté-Milon*, v. du Gouuernement de
    l'Isle de France, entre Meaux &
    Soissons.
la *Ferté-S. Aubin*, v. en l'Orleanois.
la *Fere-en-Tartenois*, v. de Champagne.
la *Ferté-au-Vidame*, v. au Perche.
la *Fenasse*, v. de Languedoc sur Dadou.
Ferriere, v. sur la Coste de Prouence.
Feruacques, Seig. à 3. l. de Lysieux.
Fescamp, Abbaye & Port de Mer, au
    Pays de Caux.
la *Feüillade*, Comté en Perigort.
les *Feüillans*, pres de Rieux en Langue-
    doc.
Feurs, v. en Forez.

Fiac, v. pres Lauaur.

Fifmes, v. au Remois.

Figueniere, v. en Prouence.

Figeac, v. en Quercy.

Fiennes, в. au вoulenois.

Flauigny, v. de Bourgogne en Auxois.

la *Fleche*, v. en Anjou fur Loir.

Flecheres, v. au Pays de Dombes.

Fleurence, v. en Armagnac.

Fleury, v. de Bourgogne fur Ouche.

Fleury, B. au Pays de Caux.

Floirac, v. au Giuaudan.

Florenfac, v. au bas-Languedoc.

Florentin, v. en Roüergue.

Foefnen, v. en l'E. de Cornoüaille.

Foix, v. Pays & Comté en Languedoc.

Fontaine-Françoife, v. de вourgogne fur la frontiere de Champagne, & de Franche-Comté.

Folembray, maifon Royale en Picardie, entre Noyon & Laon.

Fontaine-bleau, maifon Royale, 3. l. au Midy de Melun.

Fontenay, B. en l'E. de Bayeux.

Fontenay-la-batu, v. de Saintonge.

Fontenay-le-Comte, v. capitale du bas Poictou.

E ij

Fontevraud, Abbaye chef d'Ordre en Anjou, à 3. l. de Saumur.

Foralquier, v. en Prouence.

la *Force*, Duché en Perigort.

Forces, v. en Condomois.

Forez, Pays au Couchant du Lyonnois.

Forges, B. au Pays de Caux.

Forquerarque, v. pres Beziers.

Fors, Seigneurie pres Niort.

le *Fou*, ch. en l'E. de Cornoüaille.

Fougeres, v. en l'E. de Rennes.

la *Fouillouse*, v. en Forez.

Fourilles, Seigneurie au Bourbonnois.

Fourion, Riu. en Berry.

Franc-a-leu, petit Pays entre la Marche & l'Auuergne.

Francescas, v. pres Nerac.

la *Francoise*, v. en Quercy.

Fresnay, v. du Maine sur Sarte.

Freiuls, v. & E. en Prouence.

la *Frey*, v. en Dauphiné.

Frontignan, v. au bas-Languedoc.

Fronton, v. entre Toulouse & Montauban.

Fumel, v. en Agenois.

Furan, Riu. en Forez.

Furnin, Riu. au Charolois,

G

Gabarret, V. en Condomois.
Gabas, Riu. en Gascogne.
Gaillac, V. en Albigeois.
Gaillardon, V. en Beauce.
Gaillon, belle maison en Normandie au
voisinage de la Seyne.
Galan, V. en Armagnac.   [tres.
Gallardon, V. de Beauce à 4. l. de Char-
Gamaches, Marquisat en Picardie sur
Bresle pres de Normandie.
Gan, v. en Bearn.
Gandelu, Marquisat à 5. l. de Meaux
vers le Leuant d'Esté.
Ganges, V. en Languedoc.
Ganiac, V. en Querci.
Gannat, V. en Bourbonnois.
Gap, V. & E. en Dauphiné.
Gapençois, Pays en Dauphiné.
la *Garde-Biaur*, V. en Albigeois.
Gardon, Riu. en Languedoc.
Gardoux, V. à 6. l. de Toulouse.
Garganville, V. en Armagnac.
Garlesquin, B. en l'E. de Treguier.
la *Garnache*, V. du bas-Poictou.
Garnesey, Isle sur la Coste de Norman-
die, aux Anglois.

E iij

Garomne, Riu. en Guyenne, a sa source dans les Pyrenées.

Garon, Riu. en Lyonnois.

Gartempe, Riu. à sa source en la Marche.

Gas, Riu. en Beauce.   [Lat. S.

Gascogne, Prouince 18. D. long. 43. D.

Gascogne, Propre sur la Riu. d'Adour fait partie de la Prouince de Gascogne.

Gassey, V. de l'E. de Lisieux.

Gastinois, Pays compris dans la Beauce.

Gauardan, Pays en Armagnac.

Gaue, Riu. en Bearn.

Gaujac, v. en Gascogne.

Gaulene, V. en Albigeois.

Gaure, Pays en Armagnac.

Gaurty, V. du Coutantin.

Geaune, V. en Gascogne.

Gelisse, Riu. à sa source en Armagnac.

Gençay, V. au Midy de Poictiers.

Genestas, V. pres Narbone.

Geneville, V. de Champagne au Midy de Retel.

Genissae, V. en Bazadois.

Genoüillac, V. en la Marche.

Gennes, B. en l'E. de Rennes.

Gerberoy, Vicomté en Beauuaisis.

Gergeau, V. de l'Orleanois.

Germigny, V. en Bourbonnois.

Gesse, Riu. en Armagnac.

Gex, V. & Balliage compris dans la Bresse.

Gien, V. & Comté sur Loire, 14. l. au dessus d'Orleans.

Giers, Riu. en Armagnac.

Gigondas, V. en la Princip. d'Orange.

Gimone, Riu. en Armagnac.

Gimont, V. en Armagnac.

Girou, Riu. en Languedoc.

Giroussens, V. en Albigeois.

Gisors, v. de Normãdie au Pays Vexin.

Giuaudan, Pays dans les Ceuennes.

Giury, V. de Bourgogne au Challonnois.

Glandeues, V. & E. en Prouence.

Glane, Riu. en la Marche.

Gleuic, V. en la Marche.

Gloigole, V. en Limosin.

Gondom, V. en Bigorre.

Gondrim, V. en Condomois.

Gonnesse, B. en l'Isle de France.

Gontault, V. en Agenois.

Gordes, Marquisat en Prouence.

Gorron, V. du Maine.

Goumeraille, V. en Beauce.

Gourdan, V. de Bresse pres du Dain.

Gourdon, V. en Quercy.

Gourin, V. en l'E. de Cornoüaille.

Gournay, V. de la Brie-Françoise sur
     Marne.

Gournay, V. de Normandie sur Epte.

Gouzon, V. en Combraille.

Graçay, V. en Berry.

la Grace, V. en Languedoc.

Grace, V. & E. en Prouence.

Gramat, V. en Quercy.

Grammont, Seign. en basse Nauarre.

Grancey, V. & Comté au Gouuerne-
     ment de Champagne pres de Bour-
     gogne.   [che

Grandmont, Ab. chef d'Ordre en la Mar.

Grand-pré, V. & Comté de Champa-
     gne entre Retel & Verdun.

Granville, V. & port de Mer en Nor-
     mandie.   [gne

la Grauelle, V du Maine pres de Breta-

Grauhet, V. de Languedoc sur Dadou.

Gremonville, Seig. au Coutantin.

Grenade, V. en Armagnac.

Grenade, V. en Gascogne.

Grenoble, V. & E. capitale de Dauphiné.

Gresiuaudan, Pays ou vallée aux enuirons de Grenoble.

Grey-sur-Aujon, V. de Bourgogne prés
de Champagne.

Grignan, Seign. en Dauphiné.

Grimaut, Seig. & Golphe en Prouence.

Grisolles, B. à 6. l. de Toulouse.

Grosne, Riu. au Masconnois.

Groüais, Isle pres de Blauet.

Güenests, place Maritime en l'E. d'A-
uranches.

Gué-de-Lorray, V. en Beauce.

Gué-de-Veluire, V. au bas-Poictou.

la *Guepiou*, V. en Albigeois.

Guerande, V. en l'E. de Nantes.

Guer, V. en l'E. de S. Malo.

Gueret, V. capitale de la Marche.

Guers, V. en Prouence.   [Sees.

la *Guibray*, B. de Normandie en l'E. de

Guiche, Comté dans les Basques.

Guienne, Prouince 19. D. long. 44. D.
lat. S.   [Berry.

la *Guierche*, V. du Niuernois pres du

la *Guierche*, V. en l'E. de Rennes.

la *Guierche*, V. en Touraine sur Creuse.

Guillestre, V. pres Embrun.

Guilleumes, V. en Prouence.

E v

Guimené, Principauté en l'E. de Vennes.

Guincamp, V. en l'E. de Treguier.

Guine-la-putain, V. en Brie.

la *Guiole*, V. en Roüergue.

Guise, V. & Duché de Picardie en Tierache.

Guisnes, B. ch. & Comté en Picardie, à 2. l. de Calais.

Guistres, V. en Guyenne.

Gyes, Riu. en Lyonnois.

H.

HAgetmau, V. en Gascogne.

le *Hallier*, V. en l'Orleanois.

Haluin ou Maignelay, Duché en Picardie au voisinage du Beauuaisis.

Ham, V. de Picardie sur Somme.

Harcourt, Comté en l'E. d'Evreux.

Harfleur, V. du Pays de Caux.

le *Havre-de-Grace*, V. & Citadelle en Normandie à l'embboucheure de Seine.

Hauteriue, v. au Midy de Toulouse.

Haute-Riuoire, v. en Forez.

Hauuillar, v. en Armagnac.

la *Haye*, v. en Touraine sur Creuse.

Hecto, Seign. en l'E. d'Evreux.

Heiz le-maureu, v. de Champagne au

Perthois.
Hennebont, v. en l'E. de Vennes.
Herbaut, v. du Blaisois.
les *Herbieres*, v. du bas-Poictou.
Herisson, v. en Bourbonnois.
Herisson, v. du haut Poictou.
Heruy-le-chatel, v. en Senonois.
Heryssey, v. de la Brie-Françoise sur
   Seine.
Hieres, Isles aux coste de Prouence.
Hieres, v. en Prouence.
Hirson, B. de Picardie en Tierache.
la *Hogue-S. Vast*, Place Maritime du
   Coutantin.
Honfleur, v. & port de Mer de Norman-
   die à l'embouchure de Seyne.
Hontans, v. de Gascogne.
Horsariou, v. en Gascogne.
l'*Hospital*, v. en Forez.
l'*Hospital*, v. en Quercy.
Houdan, v. 12. l. de Paris au Couchant.
Houga, v. en Armagnac.
le *Huelgoit*, v. en l'E. de Cornoüaille.
la *Hunaudaye*, Seigneurie en l'E. de S.
   Brieux.
Hurepoix, Pays en l'Isle de France.
Huriel, v. en Bourbonnois.

Huyſne, Riu. au Perche & au Maine.
Hybiac, v. entre Pamiers & Rieux.
Hyeſmes, v. de l'E. de Sees.

I

IAinville, v. en Beauce.
Ia'igny, v. au Bourbonnois.
Iarnac, v. en Angoumois.
Iarnaige, v. en la Marche.
Ieuſſey, v. en l'E. de Rennes.
Iegun, v. en Armagnac.
Ierſey, Iſle ſur la Coſte de Normandie,
　　aux Anglois.
If, ch. pres Marſeille.
Igſac, v. en Albigeois.
Illieres, v. en Beauce ſur Loir.
Ingrande, v. d'Anjou ſur Loyre.　[che.
Ingrande, v. de Poictou pres de la Mar-
Indre, Riu. à ſa ſource en Berry.
Indrois, Riu. en Touraine.
Iocelin, v. en l'E. de S. Malo.
Ivigny, v. du Senonois ſur Yonne.
Ioinville, v. & Principauté en Cham-
　　pagne ſur Marne.
Ionquiers, v. en la Princip. d'Orange.
Ionquiers, v. ſur la coſte de Prouence.
Ionſac, Comté en Saintonge.
Iouy-la-Chatel, v. en Brie.

Ioyeuſe,

Ioyeuse, Duché en Viuarais.

Is, B. en Baſſigny.

Iſere, Riu. à ſa ſource en Sauoye.

Iſle de France, Prouince 22. D. 45. min. long. 49. D. lat. S.

Iſotte, Riu. en baſſe Bretagne.

Iſſigeac, V. en Perigort.

Iſſigneaux, V. en Vellay.

Iſſoire, V. en Auuergne.

Iſſoudun, V. en Berry.

Iton, Riu. de Normãdie paſſe à Evreux.

Iuette, Riu. en l'Iſle de France, paſſe à Longemeau.

Iugon, V. en l'E. de S. Bieux.

Iuine, Riu. en Gaſtinois.

Iuuiſi, B. à 4. l. au Midy de Paris.

Izy l'Eueſque, V. de Bourgogne pres du Niuernois.

K

K Arhais, V. en l E. de Cornoüaille.

Kempercorentin, voyes Quimperco-rentin.

L

L Abour, Pays dans les Baſques.

Labrede, belle maiſon en Guyenne.

Labrit, voyes Albret.

Lagny, V. en Brie ſur Marne.

Laigle, V. de Normandie sur Rille.
Laita, R. en basse-Bretagne.
Lamballe, V. en l'E. de S. Brieux.
Lambesc, V. pres d'Aix en Prouence.
Lamiate, v. à 3. l. de Lauaur.
Landeleau, V. en l'E. de Cornoüaille.
Landepeyre, V. en la Marche.
Landerneau, V. de Bretagne, à 5. l. de
   Brest.
Landes, Pays en Gascogne.
Landivizeau, B. à 5. l. de Morlaix.
Langeac, V. en Auuergne.
Langest, V. en Touraine.
Langon, V. du Bazadois sur la Garône.
Langougne, V. en Giuaudan.
Langres, V. & E. en Bassigny.
Languedoc, Prouince 21. D. 30. min.
   long. 43. D. lat. S.   [Brest.
Lanhouarneau, v. de Bretagne à 10. l. de
Lannion, V. en basse-Bretagne.
Lans, v. en la Souueraineté de Dombes.
Lantriguet, V. & E. en basse-Bretagne.
Lanvoion, V. en l'E. de S. Brieux.
Laon, V. & E. en Picardie.
Laonnois, Pays en Picardie.
Larc, Riu. en Prouence.
Larcabau, V. basse-Nauarre.

Larche, V. en Limosin.

Larraun, V. dans les Basques.

Larrey, Riu. en Saintonge.

Larros, Riu. en Bigorre.

Larzicourt, V. de Chāpagne sur Marne.

Lasnepas, V. en Armagnac.

Lassay, V. du Maine.

Latan, Riu. en Anjou.

Latrecey, V. de Bourgogne, pres de Champagne.

Laual, V. & Marquisat au Maine.

Laual, V. au Lyonnois.

Lauardens, V. en Armagnac.

Lauardin, Marquisat au Vendosmois.

Lauaur, V. & E. dans le haut-Langue-doc.

Laubespine, V. en Forez.

Lauriege, Riu. en Dauphiné.

Lauriol, V. pres Castelnau-darri.

Lauserte, V. en Querci.

Lausignan, V. pres Nerac.

Lauson, Comté en Agenois.

Lauson, Riu. en Armagnac.

Lautrec, V. du haut-Languedoc.

Lay, V. en Beaujolois.

Lay, Riu. au bas-Poictou.

Layon, Riu. en Anjou.

Leigne , V. du Senonois.

Leitoure , V. & E. en Armagnac.

Lembeye, V. en Bearn.

Lemboulas, Riu. en Querci.

Lenmur, V. à 3. de Morlaix.

Lenta, V. à 5. l. de Toulouse.

Lenvilis , V. à 6. l. de Brest.

Leondoul, voyes S. Pol de Leon.

Lequille, V. de Languedoc vers la Mer.

Lers, Riu. en Languedoc.

Lescar, V. & E. en Bearn.

Leschez, Riu. en Bigorre.

Lescun, Seig. en Bearn.

Lescure, V. en Albigeois.

Lisdergues, V. en Roüergue.

Lesdiguéres, Duché en Dauphiné.

Lesneven, V. de Bret. à 7. l. de Brest.

Lesparre, V. en Medoc.

Lespau, V. en Combrailles.

Lespine, V. en Dauphiné.

Lesson, petite Riu. en l'E. de Sees.

Lesterp, V. en la Marche.

Leucate, Forteresse en Languedoc.

la bastide de Leui, V. en Albigeois.

Leuignac, V. en Agenois.

Leuignac, V. en Armagnac.

Leuroux, V. en Berry.

Leyrac, V. en Armagnac.

Leyre, Riu. dans les Landes.

Lez, Riu. au bas-Languedoc.

Lezat, V. à 4. l. de Toulouse.

Lezay, V. du Berri sur Loyre.

Lezay, V. de Poictou.

Lezou, petite Riu. en l'E. de Lisieux.

Lezoux, V. en Auuergne.　　　　[gne.

Lianne, Riu. en Picardie passe à Boulo-

Libersat, V. en Limosin.

Libourne, V. en Guienne.

Liesse, B. de Picardie au Laonnois.

Lacuvin, Pays en Normandie.

Lignieres, V. en Berri.

Lignon, Riu. en Forez.

Ligny-le-Chatcan, V. du Gouuernement de Champagne au voisinage de BOUR-gogne.

Ligueil, V. en Touraine.

Lille, Riu. pres Rennes.

Lille, Riu. en Perigort.

Lillebonne, Comté au Pays de Caux.

Lille-Iourdain, V. du Poictou sur Viéne.

Lille-en-Iourdain, V. en Armagnac.

Limaigne, Pays en la basse Auuergne.

Limeil, v. en Perigort.

Limoges, v. & E. capitale de Limosin.

Limosin, Prouince 21. D. 30. min. long.
 45. D. lat. S.

Limours, v. & ch. à 8. l. de Paris vers
 le Couchant d'Hyuer.

Limouth, v. en Languedoc.

Limoy, place sur Seine vis-à-vis de
 Mante.

la *Linde*, v. en Perigort.   [die.

Lions, v. au Pays de Bray en Norman-

Lisieux, v. & E. en Normandie.

Lisle, v. en Albigeois.

L'isle, v. en Perigort.   [ce.

L'isle-Adam, sur Oyse, en l'Isle de Fran-

Lisle-de-Barran, v. en Armagnac.

L'isle-Bouchard, en Touraine sur Vienne.

Lisle-en-dodon, v. en Comminges.

L'isle-sous-Montral, v. de Bourgogne entre Auxerre & Semeur en Auxois.

Lisy-sur-Ourq, v. & Riu. à 3. l. de Meaux.

Liuarot, v. de l'E. de Lisieux.

la *Liuimiere*, v. en Languedoc.

Liuron, v. en Dauphiné.

Loches, v. de Touraine.

Locrenan, v. en l'E. de Cornoüaille.

Lodeac, v. en l'E. de S. Brieux.

Lodeue, v. & E. en Languedoc.

Lohans, v. de Bourgogne au Challonois.

Loheac, v. en l'E. S. Malo.

Loin, Riu. en Gaſtinois paſſe à Montargis.

Loir, Riu. à ſa ſource en Perche.

Loiret, Riu. pres Orleans.

Lomagne, Pays en Armagnac.

Lombez, v. & E. en Comminges.

Lomine, v. en l'E. de Vennes.

la *Londe*, Seign. en Normandie, à 4. l.
de Roüen.　　　　　　　[Midy.

Longemeau, B. à 4. l. de Paris vers le

Longueville, Duché au pays de Caux.

Lorgues, v. en Prouence.

L'orme, v. entre la Bourgogne & le Niuernois.

Lorris, v. à 6. l. de Montargis vers le
Couchant d'Hyuer.

Loſſe, Riu. en Armagnac.

Lot, Riu. à ſa ſource en Giuaudan.

Loudun, v. du Haut-Poictou.

Loudunois, Pays aux enuirons de Loudun.

Loueſſe, Riu. en Limoſin.

Loulour, Riu. en Perigort.

la *Loupe*, Seign. au Perche.

Lourde, v. en Bigorre.

Louſperous, v. en Condomois.

F iiij

Louuiers, v. de Normandie sur Eure.

Louuigné, V. au Maine.

Louure-en-Parisis, B. en l'Isle de France.

la *Loyre*, Riu. à sa source dans les Ceuennes.

le *Luc*, v. en Prouence.

Lucé, v. du Maine au Leuant d'Hyuer
du Mans.   [d'Autun.

Lucenay l'Euesque, V. au Septemtrion

Luche, v. du Maine sur Loir.

Lucheu, v. en Picardie pres Dourlens.

Luçon, v. & E. au bas-Poictou.

Lucpeyroux, v. en Gascogne.

le *Lude*, v. & Comté en Anjou sur Loir.

le *Lude*, v. entre Orleans & Remorentin.

Lunel, v. du bas-Languedoc.

Lupersac, v. en Combraille.

Lury, v. en Berri.

Lusarche, v. en l'Isle de France.

Lusignan, v. & Seigneurie dans le haut-
Poictou.

Lusignan, v. pres Narbone.

Lussac, v. en Combraille.

Lussac, v. pres Libourne.

Lussac, v. de Poictou sur Vienne.

Lussac-les Eglises, v. en la Marche.

Luſſan, v. en Languedoc.

Luſy, v. en Baſſigny ſur Marne.

Luy, Riu. en Gaſcogne.

Luygne, v. en Anjou.

Luynes, Duché pres de Tours.

Luyſtre, petite Riu. de Champagne, en-
    tre en l'Aube.

Luzay-le-Mas, v. en Berri.

Luzeret, v. en Berri pres de la Marche.

Luzets, v. en Querci.   [gne.

Luzy, B. du Niuernois pres de Bourgo-

Lyon, v. & A. capitale du Lyonnois.

le *Lyon-d'Angers,* v. en Anjou.   lat. S.

Lyonnois, Prouince 25. D. long. 45. D.

Lyre, B. & Abbaye en l'E. d'Evreux.

Lys, Riu. en Anjou.

M

MAchault, v. au Remois.

Machecou, v. de Bretagne pres le
Poictou.   (ris.

Madrid, ch. Royal au voiſinage de Pa-
la *Magiſtere,* B. en Agennois.

Magny, v. au Vexin François.

Maguelonne, v. en Languedoc.

Maignac, v. en la Marche.

Maigne, v. en Anjou.

Maillac, v. en Albigeois.

Maillé, Voyes Luynes.

Maillezais, V. & E. au bas-Poictou.

Mailly, Baronnie en Picardie sur la frótiere d'Artois.

Mailly, B. en l'Auxerrois.

Maine, Prouince 19. D. min. long. 49. D. lat. S.

Maintenon, V. en Beauce sur Eure.

Malausane, V. au Comté d'Auignon.

Maulauze, Marquisat en Querci.

Malesse, V. en Limosin.

Malestroit, v. en l'E. de Vennes.

Malicorne, v. du Maine pres de l'Anjou.

Malleval, v en la Marche.

Malliesure, v. du bas-Poictou.

Malziou, v. en Giuaudan.

Manosque, v. en Prouence.

le *Mans*, v. & E. capitale du Mans.

Mansiet, v. en Armagnac.

Mansles, v en Angoumois.

Mant, v. en Gascogne.

Mante, v. sur Seyne, au Gouuernement de l'Isle de France.

Mantelan, V. en Touraine.

Maours, V. en haute-Auuergne.

Marans, V. au pays d'Aunis.

Marboz, v. de la Bresse pres du Comté.

Marche, Prouince 21. D. 30. min. long.
45. D. 45. min. lat. S.   [Dun.

Marchenoir, V. entre Blois & Chasteau-

Marcieu, en Dauphiné.

Marcilhac, V. en Roüergue.

Marcilly, Seigneurie en Forez.

Marcoulez, V. en haute-Auuergne.

Marcoussi, ch. à 1. l. de Mont-lehery.

Marenge, voyes Maruejos.

Marennes, B. en Saintonge l'vn des meil-
leurs de France.

Mareuil, Baronnie en Perigort.

Mareuil, y. du bas-Poictou.

Margedo, y. en Limosin.

Marigné, v. en Anjou.

Marignes, B. & ch. au Vexin François.

Marigny, Seigneurie en Champagne.

Maringues, v. en Auuergne.

Marle, V. de Picardie en Tierache.

Marmande, v. en Agenois.

Marne, Riu. en Champagne, naist pres
Langres.

Marq, B. en Picardie à 2. l. de Calais.

Marquenterre, Pays en Picardie.

Marquise, V. au Boulenois.

Marsac, V. en Auuergne.

Marsan, Pays en Gascogne.

Marseille, V. & E. port en Prouence.

Marseille B. en Beauuaisis.

Marsiac, V. en Armagnac.

Marsigny-les-Nonains, V. de Bourgogne
    pres de la Loire.

Marsillac, Principauté en Poictou, pres
    l'Angoumois.

Martegues, Principauté en Prouence,

Martel, V. en Querci.

Martezay, V. en Touraine.

Marton, V. en Angoumois.

Martory, V. en Comminges.

Maruejos, v. en Giuaudan.

Mascon, V. & E. en Bourgogne.

Masconnois, Pays en Bourgogne.

Mas-d'Agenois, v. pres de Garomne.

le Mas-dazil, v. entre Foix & Rieux.

le Mas-Cabardet, Fort, pres Carcassone.

Mas-Garnier, V. en Armagnac.

le Mas-S. Espuelle, v. pres Castelnau-
    darri.

Massay, v. en Berri.

Masseaube, v. en Armagnac.

Massere, v. en Limosin.

Massiac, v. en haute-Auuergne.

Massignac, V. en Perigort.

Matas, v. en Saintonge.

Mazbert

Maubert-Fontaine, V. de Champagne fur
	la frontiere des Pays-Bas.
Maubourget, V. d'Armagnac fur Adour.
Maudre, Riu. entre en la Seyne au def-
	fus de Mante.
Mauleon, V. dans les Basques.
Mauleon, v. au bas-Poictou.
Maulevrier, v. & Comté d'Anjou pres
	du Poictou.					[Seine.
Mauni, Marquifat en Normandie fur
Maure, Comté en l'E. S. Malo.
Mauriac, v. en la haute Auuergne.
Mauuefin, v. en Armagnac.
Maye, Riu. en Picardie paffe à Ruë.
Mayenne, v. & Duché au Maine.
Mayenne, Riu. au Maine, & en Anjou.
Mayne, Riu. entre l'Anjou & le Poictou.
Mazemet, v. de Languedoc pres Caftres.
Mazeres, v. en Armagnac fur Baife.
Mazeres, v. à 4. l. de Pamiers.
Meance, petite Riu. en l'E. de Bayeux,
	paffe à Argences.
Meaux, V. & E. en Brie fur Marne.
Medanid, Comté pres de Sees en Nor-
	mandie.
Medoc, Pays en Guienne.
Medrignac, v. en l'E. de S. Malo.

Mehon, Principauté en Chãpagne pres Mezieres.

Meillan, v. pres Nismes.

Melliona, v. de Bresse pres du Comté.

Men, Riu. entre en la Vilaine.

Menat, v. en Auuergne.

Mende, V. & E. en Giuaudan.

Menestrol-sur-Saudre, v. en Berri.

Menestrou-sur-Cher, v. en Berri.

Menestrou-Salon, v. pres Bourges.

Menoüille, v. pres Senez.

Mens, v. en Dauphiné.

Mer, v. du Blaisois sur Loire.

Mercure, Duché en Auuergne.

Merenville, V. au Midy d'Estampes.

Merindel, v. en Dauphiné.

Merindol, v. en Prouence.

Merlou, v. en Beauuaisis.

Meru, Seig. au Vexin François.

Meruant, v. au bas-Poictou.

Merueich, v. en Giuaudan.

Mery, v. de Champagne sur Seyne.

Mesel, v. pres Digne.

M ste-sur-Sarte, v. de l'E. de Sees.

Messe, v. du haut-Poictou.

Mesmers, v. du Maine pres du Perche.

Messac, v. en l'E. de Rennes.

Messe, V. à 3. l. d'Estampes.

Mesue, V. pres Sisteron.

Meudon, B. & ch. 2. l. au dessous de Paris.

Meulan, V. sur Seine au Gouuernement de l'Isle de France.

Menu, v. en Berri sur Eure.

Meuse, Riu. sur la frontiere de Champagne.

Mezieres, v. de Champagne sur Meuse.

Meziere-en-Brenne, ch. en Touraine.

Mezins, V. en Condomois.

Midou, Riu. en Gascogne.

Milhan, v. en Bazadois.

Milhaud, v. en Roüergue.

Milly, V. en Gastinois.

Milly, B. en Beauuaisis.

Miossens, Marquisat en Bearn.

Miradoux, V. en Armagnac.

Mirande, v. en Armagnac.

Miraumont, V. en Agenois.   [Comté.

Mirebeau, V. de Bourgogne pres du

Mirebeau, V. du haut-Poictou.

Mirebalais, Pays aux enuirons de Mirebeau en Poictou.

Mirebel, V. pres Grenoble.

Mirefleur, V. en Auuergne.

Miremandé, v. en Dauphiné.

G ij

Mirembeau, V. en Saintonge.
Miremont, V. en Auuergne.
Miremont, v. en Perigort.
Miremont, V. en Quercy.
Mirepoix, V. & E. au pays de Foix.
Mison, V. en Dauphiné.
Moissac, V. en Querci.
Molac, Marquisat en l'E. de Vennes.
Molesme, v. au Senonois.
Molieres, V. en Perigort.
Mombard, V. de Bourgogne en Auxois.
Mombas, Seig. en la Marche.
Monbrison, V. en Forez.
Mombrun, Seigneurie en Dauphiné.
Mommaur, V. en Dauphiné.
Mommaur, V. sur la frontiere de Cham-
    pagne & de Brie.
Mommeraut, V. du Bourbonnois.
Mommorillon, v. du haut-Poictou.
Monberon, V. en Angoumois.
Monceaux, Maison Royale pres Meaux.
Monchant, V. du bas-Poictou.
Monclar, v. en Agenois.
Monclar, v. pres Embrun.
Montcourueil, V. en Armagnac.
Mondidier, V. de Picardie au Pays de
    Santerre.

Mondoubleau, V. à 4. l. de Vendofme.

Mondragon, V. de Lang. fur Dadou.

Mondragon, Principauté entre le Dauphiné & le Comtat d'Auignon.

Moneruille, V. en Beauce.

le *Monestier,* V. en Dauphiné.

Moneftiez, V. en Albigeois.

Mongifcar, V. pres Touloufe.

Monglas, Seign. en Brie.

Monheurt, V. de Guienne fur Garomne, ruinée.

Moniftrol, V. en Vellay.

Monlandon, V. au Perche.

Monlau, V. pres Touloufe.

Monlefun, V. en Armagnac.

Monluçon, V. en Bourbonnois.

Monmireil, V. en Brie.

Monredon, V. en Giuaudan.

Monredon, V. pres Narbone.

Monricoux, V. en Querci.

Monfalez, V. en Rouergue.

Monfaluy, V. en Albigeois.

Monfegur, V. en Bazadois.

Monfelen, V. pres Carcaffone.

Monfœurs, V. au Maine.   [Loyre

Monfureau, V. & Comté en Anjou fur

Monftiers, V. en Prouence.

Monstreüil, V. de Picardie.

Monstreüil-Largile, V. de l'E. de Lisieux.

Monstreüil-bellai, V. d'Anjou pres du
    Poictou.

Monstreüil-bonnin, V. pres Poictiers.

Mont, V. pres Loudun.

Montagnan, V. en Armagnac.

Montagne, Pays en Bourgogne.

Montagut, V. en Gascogne.

Montargis, V. au Gastinois.

Montastruc, v. en Armagnac.

Montastruc, v. en Bigorre.

Montastruc, v. à 6. l. de Toulouse.

Montauban, v. & E. aux côfins de Quer-
    ci & de Languedoc.

Montaut, v. en Agenois.

Montaut, v. en Gascogne.

Mont-bazon, v. & Duché en Touraine.

Montbrun, v. en Angoumois.

Montcaurel, Marquisat en Picardie.

Mont-ceny, v. de Bourgogne au Leuant
    d'Hyuer d'Autun.

Mont-contant, v. du bas-Poictou.

Mont-contour, v. du haut-Poictou.

Montcontour, v. en l'E. de S. Brieux.

Montcornet, v. en Tierache.

Montcrabeau, v. pres Nerac.

Mont-de-Marsan, v. en Gascogne.

Monte-bourg, Place force au Coutantin.

Montech, v. de Languedoc pres de Garomne.

Montegu eu Combraille, v. du Bourbonnois.

Montelimart, v. en Dauphiné.

Montenaison, Forteresse au Niuernois.

Montendre, v. en Saintonge.

Montereau-faut-Yonne, v. à l'assemblage
de Seyne & Yonne, entre Sens &
Melun.

Montesclair, v. en Bassigny.

Montesgut, v. du bas-Poictou pres de
Bretagne.

Montesquiou, v. à 5. l. de Toulouse.

Montesquiou, v. en Quercy.   [Rieux.

Montesquiou-de-Volierre, v. entre Foix &

Montestruc, v. en Agenois.

Montet-aux-Moines, v. au Bourbonnois.

Mont-faucon, v. de Champagne pres du
Verdunois.

Mont-faucon, v. en Berri.

Mont-faucon, V. en Vellay.

Montferrand, en Auuergne.

Montferrand, v. en Languedoc.

Montferrand, v. en Perigort.

Mont-ferrand, Baronnie pres de Bour

deaux.

Montflanquin, v. en Agenois.

Montfort, v. en Armagnac.

Montfort, v. du Maine sur Huysne.

Montfort, v. pres de Dax.

Montfort, B. de Normãdie, entre Roüen & Lisieux.

Montfort-l'Amauri, v. à 9. l. de Paris vers le Couchant.

Montfort-la-Canne, v. en l'E. de S. Malo.

Montgaillard, v. en Gascogne.

Montgommeri, Comté en Normandie à 4. l. de Lisieux.

Montguillem, v. en Gascogne.

Montguion, v. en Saintonge.

Monthulin, Forteresse du Boulenois.

Mont-Luçon, v. en Bourbonnois.

Montignac-Charente, v. en Angoumois.

Montignac, v. en Languedoc.

Montignac, v. en Perigort.   [gne.

Montigny-sur-Armançon, v. de Bourgo-

Montigny sur-Aube, v. en Champagne.

Montigny-le-Roy, v. en Bassigny.

Montiramé, v. de Champagne au Leuant d'Hyuer de Troyes.

Montirandel, v. de Chãpagne au vallage

Montivillers, v. du Pays de Caux.

Mont-*leheri*, v. à 6. l. de Paris vers le
  Midy.
Mont*lieu*, v. en Saintouge.
Mont*louys*, v. pres Tours.
Mont*luc*, Marquifat en Guienne.
Mont*luel*, v. en Breffe.
Mont*merle*, v. du Pays de Dombes.
Mont*mirail*, v. au Perche.
Mont-*Moranci*, v. & ch. en l'Ifle de Frã-
  ce auec titre de Duché.
Mont*moreau*, v. aux Confins de Sainton-
  ge & Perigort.
Mont*muy*, v. en Gafcogne.
Mont*oir*, v. au Vendofmois.   [le.
Mont-*Olympe*, Fortereffe pres Charlevil-
Mont-*Orgueil*, ch. en l'Ifle Ierfey des dé-
  pendances d'Angleterre.
Mont*pafier*, v. en Perigorc.
Mont*pellir*, v. & E. au bas-Languedoc,
Mont*penfier*, v. & Duché en Auuergne.
Mont*pezat*, v. en Agenois.
Mont*pefat*, v. en Comminges.
Mont*pefat*, v. en Querci.
Mont*pefat*, v. en Viuarais.
Mont*peyroux*, Seign. en Auuergne.
Mont*pont*, v. en Perigort.
Mont*ourcier*, v. en Dauphiné.

G v

Montreal, v. de Bourgogne au Couchant
    de Semeur en Auxois.
Montreal, v. de Bresse entre Bourg &
    Geneue.
Montreal, v. en Condomois.
Montreal, v. pres Carcassone.
Montresor, v. en Touraine.
Montrauel, v. en Auuergne.
Montrauel, v. en Perigort.
Monreuel, v. & Comté en la basse-Bresse.
Montreueau, v. d'Anjou pres de Breta-
    gne.
Montrichard, v. en Touraine sur Cher.
Montrond, V. en Forez.
Montrond, Forteresse pres S. Amand en
    Bourbonnois.
Montrougeau, v. en Comminges.
Mont-sainct-Iean, v. de Bourgogne entre
    Autun & Semeur en Auxois.
Mont sainct Michel, dans la Mer sur la
    coste de Normandie au voisinage de
    Bretagne.
Mont-S. Vincent, v. de Bourgogne à 6. l.
    de Charolles vers le Septemtrion.
Moras, v. en Dauphiné au Viennois.
Morbihan, Port de Mer en Bretagne pres
    de Vennes.

Moret, V. & ch. en Gastinois sur Loin.

Moretel, v. au Viennois.

Moreüil, B. de Picardie à 4. l. d'Amiens.

Morgans, v. en Gascogne.

Morges, v. & Riu. en Auuergne.

Morin, grand & petit, Riu. en Brie.

Morlaix, v. en la basse-Bretagne.

Morlane, V. en Bearn.

Morlas, V. en Bearn.

Mortagne, V. au Perche.

Mortaigne, V. en Saintonge.

Mortaigne, V. du bas-Poictou.   [ches.

Mortain, v. & Comté en l'E. d'Avran-

Mortemar, V. en la Marche.

Mortemer, V. pres Poictiers.

Moruant, Petit Pays entre la Bourgogne & le Niuernois.

la *Motte-Achart*, V. du bas-Poictou.

la *Motte-Fougere*, V. du Maine pres de
Normandie.   [ctou.

la *Motte-saincte-Heray*, V. du haut-Poi-

Mouilleron, V. du bas-Poictou.

Moulins, V. capitale du Bourbonnois.

Moulins, V. de l'E. de Sees.

Moulins-en-Gilbert, V. au Niuernois.

Mounas, V. du Comtat d'Auignon.

la *Moussaye*, Marquisat en Bretagne.

G vj

Mouſon, V. pres de Champag. ſur Meuſe.
Mouy, V. en Beauuaiſis.
Moyran, v. pres Grenoble.
Moze, V. au Pays d'Aunis.
Mucidan, V. en Perigort.
Mugron, V. en Gaſcogne.
Mulſau, v. au voiſinage de Beaune.
Mur de Barres, v. en Roüergue.
Murat, v. en haute-Auuergne.
la Mure, v. en Dauphiné.
Muret, v. de Comminges.
Mus, v. en Languedoc.
Muſin, Riu. de Bourgogne entre Dijon
    & Beaune.   [Seyne.
Muſſy-l'Eueſque, v. de Bourgogne ſur
le Muy, v. en Prouence.

N

NAncelles, v. en Roüergue.
  Nancey, v. en Berri.
Nancey, Seigneurie au Soiſſonnois.
Nangis, v. & Comté en Brie.
Nanterre, v. entre Paris & S. Germain
    en Laye.
Nantes, v. & E. en Bretagne.
Nanteüil, Seigneurie au Remois.
Nanteüil-le-Haudouyn, v. à 3. l. au Le-
    uant de Senlis.

                              Nantron,

Nantron, v. en Perigort.
Nantua, v. du Valromey.
Nantz, V. en Roüergue.
Naom, Riu. en Berri.
la *Napole*, V. en Prouence.
Narbone, V. & A. en Languedoc.
basse-*Nauarre*, Pays dans les Basques.
Nauarreins, v. en Bearn.
Nay, V. en Bearn.
le *Nay*, Riu. en Angoumois.
Nayac, V. en Roüergue.
Nebousan, petit Pays pres des Pyrenées.
Negrepeliſſe, V. en Querci.
Nemours, V. & Duché au Gaſtinois sur
    Loin.
Nempont, B. en Picardie ſur Authie.
Nerac, V. en Guienne ſur Baiſe.
Nereau, petite Riu. de Normandie en
    l'E. de Bayeux.
Neris, V. en Bourbonnois.
Nermouſtier, Iſle & Marquiſat pres du
    Poictou.
Neronde, V. en Forez.
Neſle, V. & Marquiſat en Picardie au
    Pays de Santerre.
Neuchaſtel, V. au Pays de Caux.
Neuchaſtel, V. ſur Aiſne 5. l. au Septem-

H

trion de Reims.

Neuers, V. & E. capitale du Niuernois.

Neufbourg, Marquisat en l'E. d'Evreux.

Neuuic, V. en Limosin.

Neüillé-le-Lierre, V. en Touraine.

Neüillé-pont-pierre, V. en Touraine.

Neüilly-S. Front, V. à 6. l. de Soiſſons, vers le Midy.

Neuui, V. en Touraine.

Neuuille-au Bois, V. en l'Orleanois.

Neuville-au-pont, B. en Champagne pres ſaincte Menehou.

Nichers, V. en Auuergne.

Nielan, V. en Armagnac.

Nieure, Riu. au Niuernois.

Niort, V. du Poiĉtou.

Niſmes, V. & E. en Languedoc.

Nitry, V. en Auxerrois.

Niue, Riu. dans les Baſques.

Niuernois, Prouince 24. D. long. 47. D. lat. S.

Nogarot, V en Armagnac.

Nogent, V. en Gaſtinois.

Nogent-lartaut, V. de Brie ſur Marne.

Nogent-le-retrou, B. ou pluſtoſt V. capitale du Perche.

Nogent-le-Roy, V. à 4. l. au Septemtrion

de Chartres.

Nogent-le Roy, V. en Baſſigni.

Nogent-ſur-Seine, V. de Champagne.

Nolet, V. & Seigneurie de Bourgogne, entre Beaune & Autun.

Nonancourt, V. de Normandie ſur la frótiere du Perche.

Nonant, Marquiſat en Normandie, à 3. l. de Sees.

Nonnette, Riu. paſſe à Senlis.

Norc, Riu. au Dioceſe de Rims.

Normandie, Prouince de France diuiſée en haute vers l'Orient, & baſſe vers l'Occident, 19. D. long. 49. D. lat. S. [d'Evreux.

Normanville, Seigneurie au voiſinage

Nouaſtre, V. en Touraine ſur Vienne.

Nouée, B. en l'E. de S. Malo.

Noyers, V. en Auxerrois.

Noyon, V. & E. en Picardie.

Nozay, V. en l'E. de Nantes.

Nuys, V. de Bourgogne entre Dijon & Beaune.

Nyons, v. en Dauphiné.

O

O, Marquiſat en Normandie pres de Sees.

Oder, Riu. à Quimpercorentin en Bretagne.

Oeüil, Riu. en Bourbonnois.

Olargues, V. en Languedoc.

Oleron, V. & E. en Bearn.

Oleron, Isle & forteresse aux costes de
Saintonge.

Olonne, V. sur Mer en Poictou.

Omerville, V. en Armagnac.

Ondes, Riu. en Gastinois.

Optanou, V. au Viennois.

Orange, V. & Principauté entre le Languedoc & le Comtat d'Auignon.

Orbais, V. sur les frontieres de Champagne & de Brie.

Orçais, V. en basse-Nauarre.

Orcival, V. en Auuergne.

Oreson, Marquisat en Prouence.

Orge, Riu. en l'Isle de France, passe à
Chatres.

Orleans, V. & E. sur la Loire.

Orleannois, Pays aux enuirons d'Orleans
sur la Loire.   [Caen.

Orne, Riu. en basse-Normandie passe à

Orbans, V. en Albigeois.

Orbe, Riu. au bas-Languedoc.   (sieux.

Orbec, V. & petit Riu. en l'E. de Li-

Orilhac, V. en haute Auuergne.

Orne, Riu. au Maine.

Orpierre, V. en Dauphiné.

Ortez, V. & E. en Bearn.

Oftabat, V. en baſſe-Nauarre.

Ouarville, V. en Beauce.

Oüayne, V. en Auxerrois.

Oüayne, Riu. en Gaſtinois.

Ouche, petit Pays en Normãdie au Couchant d'Evreux.

Ouche, Riu. de Bourgogne paſſe à Dijõ.

Ouchy, V. & ch. 4. l. au Midy de Soiſſons.

Oudõ, petite Riu. au voiſinage de Caen.

Oudon, Riu. en Anjou, à ſa ſource au
Maine.

Oüeſſant, Iſle au Couchant de Bretagne.

les *Oullieres*, V. en Viuarais.

Ouix, V. de Dauphiné pres d'Italie.

Ourq, Riu. paſſe à la Fere en Tartenois
au Midy du Soiſſonnois.

Ourſe, Riu. entre la Bourgogne & la
Champagne.

Oufte, Riu. entre en la Vilaine.

Ouue, Riu. du Coutantin pres Valogne.

Oye, B ch. & Comté en Picardie à 2. l.
de Calais.

H iii

Oye, B. au Charollois.

Oyse, Riu. en Picardie & en l'Isle de
　France. [ville.

Oysemont, B. de Picardie à 4. l. d'Abbe-

Oysonville, V. en Beauce.

Ozance, Riu. du haut-Poictou.

Ozoier, V. à 2. l. de Gien.

Ozoier-le-marcher, V. entre Orleans &
　Chasteau-Dun.

P

PAigny, V. de Bourgogne sur Saone.
Paimpol, V. en l'E. de S. Brieux.

le Palais, Riu. en Saintonge.

Palaiseau, Marquisat, à 4. l. de Paris.

Paliars, Riu. de Bourgogne pres Bour-
　bon-lancy.

la Palisse, Seigneurie en Bourbonnois.

Palluau, V. & Comté sur les Confins du
　Berri & de la Touraine.

Paluyau, V. du bas-Poictou.

Pamiers, V. & E. au pays de Foix.

Pampelone, V. en Albigeois.

Pantaine, Riu. en Saintonge.

la Parade, V. en Agenois.

Parcé, V. du Maine sur Sarte.

Parcoux, V. en Perigort.

Paris, V. & Archeuesché en l'Isle de

France sur Seine.

le *Parisis*, Pays en l'Isle de France.

e. *Paroy-le-Monial*, V. du Charolois.

Parsac, v. en la Marche.

Partenay, V. du haut-Poictou.

Passais, ou *la Conception*, v. du Maine pres de Normandie.

Passavant, v. d'Anjou pres du Poictou.

Passy, v. de Normandie sur Eure.

Pattay, v. en Beauce.

Pau, v. capitale de Bearn.

Paubly, v. en Berri.

Pauie, V. en Armagnac.

Paulain, v. en Albigeois.

Paullaguet, V. en Auuergne.

Paumy, v. en Touraine.

Pays-Reconquis, en Picardie aux enuirõs de Calais.

Peccais, Fort en Languedoc vers les embouchures de Rosne.

Pecheric, v. sur l'Aude en Languedoc.

Isle-*Pelée*, sur la coste de Normandie pres Cherbourg.

Penaultier, v. pres Carcassone.

Peners, v. en l'E. de Vennes.

Penes, v. en Agenois.

les *Penes*, v. pres Marseille.

H iiij

Penmarc, V. en l'E. de Cornoüaille.
Pennes, V. en Albigeois.
Pepioux, V. en Languedoc.
Perche, Prouince 21. D. 30. min. long.
    48. D. lat. S.
Pereuse, V. en Puisaye.
Periac, V. en Languedoc.
Periers, B. au Coutantin.
Perigeux, V. E. capitale de Perigort.
Perigort, Prouince 20. D 30. min. long.
    44. D. 30. min. lat. S.
Perone, v. de Picardie sur Somme.
Perouges, V. de Bresse.
Perreux, V. en Beaujolois.
la Perriere, V. au Perche.
Pesan, Seigneurie au Vexin François.
Perthois, Pays en Champagne.
Pertuys, V. en Prouence.
Peuceley, V. en Albigeois.
Peuerange, V. en Berry.
le Peyrat, V. au Pays de Foix.
Peyrefuet, v. en Prouence.
Peyrehourade, v. sur le Gaue.
Peyrissac, v. en Limosin.
Peyrusse, v. en Roüergue.
Pezenas, v. au bas-Languedoc.
Pibrac, v. pres Toulouse.

Picardie, Prouince 22. D. 45. min. long.
50. D. lat. S.

Pierre-Buffiere, v. en Limofin.

Pierre-Chaftel , **v. du Bugey, pres du**
Rhofne.

Pierre-fite, v. en Sologne.

Pierreport, v. en haute- Auuergne.

Pierre-lattes, v. en Dauphiné.

Pignans, v. en Prouence.

Pimbou, v. en Gafcogne.

Pin, Riu. en Dauphiné.

Pinquigny, v. de Picardie fur Somme.

Pifney, v. & Duché en Champagne.

Plaifance, v. en Armagnac.   [che.

Plaifance, v. de Poictou pres de la Mar-

Plaifance, v. en Roüergue.

Plaifance, v. pres Touloufe.

Plancy, v. de Champagne fur Aube.

Plaffac, ch. en Saintonge.   [ctou.

les *Platz* , v. de la Marche pres du Poi-

Pleaux, v. en la haute- Auuergne.

Pleumaudan, v. en l'E. de S. Malo.

Ploemur, v. en l'E de Cornoüaille.

Ploermel, v. en l E de S. Malo.

Ploudanmezeau, v. à 5. l. de Breft.

la *Plume*, v. en Armagnac.

Pluuiers, v. en Beauce.

H

Poet, v. en Dauphiné.

Poget, v. pres Glandéue.

Poictiers, v. & E. capitale du Poictou.

Poictou, Prouince 18. D. long. 46. D. 30. min. lat. S.

Poiſſy, v. de l'Iſle de France ſur Seine.

Poix, B. & Seigneurie en Picardie à 6. l. d'Amiens.

Pol-Dauid, v. en l'E. de Cornoüaille.

Poïgnac, Seigneurie en Vellay.

Pomiers, v. en Bazadois.

la Pommeraye, v. du bas-Poictou.

Pompadour, Vicomté en Limoſin.

Poncin, v. de Breſſe ſur Dain.

Pons, v. & Seigneurie en Saintonge.

Pontac, v. en Bearn.

Pontaillé, en Bourgogne ſur la Saone.

Pontaumur, v. en Auuergne.

Pont-Autoul, B. de Normandie ſur Rille.

Pont-Chaſteau, B. en l'E. de Nantes.

Pont-Croix, v. en l'E. de Cornoüaille.

Pont-dain, v. en Breſſe.

Pont-dauen, v. en l'E. de Cornoüaille.

Pout-dauuen, v. en l'E. de Vennes.

Pont-de-Beauuoiſin, v. de Dauphiné pres de Sauoye.

Pont-de-Camares, v. en Roüergue.

Pont-de-Cé, v. en Anjou fur Loire.

Pont-de-l'Arche, v. de Normandie fur
Seine.

Pont-de-Mame, v. en Perigort.

Pont-ac-Remy, B. & ch. fur Somme en
Picardie. [né.

Pont-de-Royans, Marquifat au Dauphi-

Pont-de-Sorgues, V. au Côtat d'Auignon.

Pont-de Vaux, V. en Breffe.

Pont-de-Vefle v. en Breffe. [Orne.

Pont-dolly, V. en l'E. de Bayeux fur

Pont-du-Chafteau, v. en Auuergne.

Pont-Emperat, v. en Vellay.

Ponteau-de-Mer, V. de Normandie fur
Rille.

Pont-farcy, au Coutantin fur Vire.

Pont-fauerg, V. au Remois.

Pont-gibaut, V. en Auuergne.

Pont-goin, V. entre Chartres & Nogent
le Retrou.

Ponthieu, Pays en Picardie, auec titre
de Comté.

Pontigny, Abbaye au Diocefe de Sens.

Pontiui, V. en l'E. de Vennes.

Pont-l'Euefque, V. de Normandie à 4. l.
de Lifieux.

Ponto, B. en l'E. de Treguier.

Pont-Oyſe, v. ſur Oyſe, en l'Iſle de France.

Pont-Orſon, V. de Normandie ſur la frontiere de Bretagne.

Pontreant, V. à 3. l de Rênes ſur Vilaine.

Pontrieux, V. en l'E. de S. Brieux.

Pont-S. Eſprit, V. en Languedoc.

Pont ſainct Martin, ſur Gartempe en la Marche.

Pont S. Maxence, V. ſur Oyſe au Gouuernement de l'Iſle de France.

Pont-S. Pierre, Seig. au Pays de Caux.

Pont-Scroff, V. en l'E. de Vennes.

Pont-ſur-Saudre, V. pres Remorentin.

Pont-ſur-Seine, V. en Champagne.

Pont ſur-Yonne, V. au Senonois.

Pont Taurion, V. en la Marche.

Pont-Vallin, v. du Maine pres de l'Anjou.

Porieres, vicomté en Bretagne.

Port-Dieu, v. en Limoſin.

Porhouet, v. en l'E. S. Malo.

Porqueroles, Iſles ſur la coſte de Prouëce.

Port-en Beſſin, pres Bayeux en baſſe-Normandie.

Porterieu, v. en l'E. de S. Brieux.

Portes, Marquiſat en Languedoc.

Portet,

Portet, v. pres Touloute.

Port-Louis, voyes Blauet.

Port sainƈte-Marie, v. en Agenois.

Poson, Riu. en Berri.

la *Potte-Denis,* v. du Maine pres de Normandie.

Poüancey, v. d'Anjou pres Bretagne.

Pougny, B. en Champagne, au Leuant d'Esté de Troyes.

Pougues, B. pres Neuers.

Poüilly, v. au Niuernois sur la Loire.

Poüilly les-Feurs, v. en Forez.

Pourcherie, v. en Limosin.

le *Poußin,* v. en Viuarais.

Pouzanges, v. du bas-Poiƈtou.

Poy-casquier, v. en Armagnac.

Pradelles, v. en Viuarais.

Pra-du-Culant, v. en Berri.

Prahec, v. en Poiƈtou pres Niort.

Premery, v. au Niuernois.

Premonstré, Abbaye chef d'Ordre au voisinage de Laon.

Preschas, v. en Agenois.

Priuas, v. en Viuarais.

Proüais, v. à mi-chemin de Chartres & Mante.   [lat. S.

Prouence, Prouince 26. D. long. 43. D.

Provins, v. en Brie.

Prully, v. en Berri sur Cher.

Prully, v. en Touraine.

Pujols, v. en Agenois.

Puisaye, petit Pays en Beauce.

Puiseaux, v. entre Estampes & Montargis.

Punsat, v. en Auuergne.

le *Puy*, v. & E. en Vellay.

le *Puy en-Anjou*, v. pres Poictou.

Puy-beliard, v. du bas-Poictou.

Puy-ferrand, v. en Berri.

Puy Iodran, v. en Armagnac.

Puy-la-Garde, v. en Querci.

Puy-la Roque, v. en Querci.

Puy-Laurens, v. en Languedoc.

Puy-l'Euesque, v. en Querci.

Puy Normand, v. en Perigort.

Puzignan, v. au Viennois.

Pyrenées, Montagnes entre la France
& l'Espagne.

Q

Q*Verci*, Prouince 21. D. 30. min.
long. 44. D. lat. S.

Quevilly, B. de Normandie au dessous
de Roüen.

la *Queulhe*, v. en Auuergne.

Queyras, v. en Dauphiné.

Quillebœuf, v. de Normãdie sur la Seine.

Quimpercorentin, ou *Cornoüaille*, v. & E. en basse-Bretagne.

Quimperlay, v. en basse-Bretagne.

Quintin, v. en l E. de S. Brieux.

Quissac, v. en Languedoc.

Quirie, v. au Viennois.

R

Rabastens, v. en Albigeois.

Rabasteins, v. en Bigorre.

Ragny, Marquisat en Bourgogne, à 3. l. d'Aualon.

Raits, Duché en Bretagne.

Raize, Riu. en Berri.

Rambüillet, Marquisat à 10. l. de Paris, vers le Couchant d'Hyuer.

Ramburts, Seigneurie en Picardie.

Rame, v. en Dauphiné.

Rameru, v. de Champagne sur Aube.

Rance, Riu. de Bretagne à Dinant.

les Rats, Riu. en Armagnac.

Raucour, ch. & Principauté en Champagne pres Sedan.

Rauieres, v. de Champagne pres de Bourgogne.

Ré, Isle aux costes de Saintonge.

Realmont, v. en Albigeois.
Realville, v. en Querci.
Reaumur, v. du bas-Poictou.
Rebais, V. en Brie.
Reconse, Riu. au Charolois.
Redon, V. de Bretagne sur Vilaine.
Reigme, V. en Forez.
Reims, V. & Arch. en Champagne.
Remois, Pays en Champagne.
Remorentin, V. & Comté en Sologne.
Renaison, Riu. en Forez.
Rencon, V. en la Marche.
Rendam, V. en Auuergne.
René, V. du Maine.
Rennes, V. & E. en Bretagne.
la *Reole*, V. en Bazadois.
Requestant, V. en Roüergue.
la *Resingle*, V. en Condomois.
Resonce, Riu. en Bresse.
Ressi, V. en Beaujolois.
Retel, V. en Champagne sur Aisne.
Retelois, Pays en Champagne.
Retourne, Riu. au Remois.
Reuel, V. en Languedoc.
Reuel, V. au Viennois.
Reuermont, petit Pays entre la Franche-Comté & le Challonois.

Reyrevignes, V. en Querci.

Rez, V. en Dauphiné,

Rhosne, Riu. à sa source en Suisse.

Rians, V. pres Aix en Prouence.

Ribemont, V. sur Oyse en Tierache.

Riberac, V. en Perigort.

Richelieu, V. & Duché en Poictou pres
de la Touraine.

Rieume, v. du bas-Comminges.

Rieux, v. & E. en Languedoc.

Rieux, Comté en Bretagne sur Vilaine.

Riez, V. & E. en Prouence.

Rille, Riu. de Normandie, se perd en
Terre en l'E. d'Evreux.

Rillé, V. en Anjou pres de la Touraine.

Rimbes, V. en Condomois.

Riom, V. en Auuergne. [gne.

Riom-le-Chetif, V. en la haute-Auuer-

Rions, V. en Guienne.

Rioutor, Riu. en Vellay.

Riscle, V. en Armagnac.

Riue-de-Giez, V. au Lyonnois.

Riuiere, Pays en Armagnac.

Robec, petite Riu. pres Roüen.

la Roche, Marquisat en basse-Bretagne,
entre Brest & Morlaix.

Roche-Arnoul, V. pres Gap.

Roche-beaucourt, V. en Perigort.

la Roche-Bernard, Seigneurie en Bretagne sur Vilaine.

Roche-Chalais, V. en Perigort.

Roche-choüart, Seigneurie de Poictou en la Marche.

la Roche-Derrien, v. pres Treguier.

Roche fort, v. en Anjou sur Loyre.

Roche fort, V. en l'E. de Vennes.

Roche-fort, v. à 10. l. de Paris, au Couchant d'Hyuer.

Roche-fort, v. en Forez.

Roche-foucaut, V. & D. en Angoumois.

Roche-guyon, Comté sur Seine au Vexin François.

la Rochelle, V. au Pays d'Aunis.

Roche-mabille, V. du Maine, pres de Normandie.

la Roche-milet, V. entre la Bourgogne & le Niuernois.

Roche-pot, Seigneurie de Bourgogne entre Beaune & Autun.

la Roche-pozay, V. en Touraine.

la Roche-en-Reynier, V. en Vellay.

la Roche-sauine, v. en Auuergne.

Roche-seruieres, Seigneurie du bas-Poictou.

Roche-sur-Yon, Principauté du bas-Poictou.

Rocroy, V. de Champagne sur la frontiere des Pays-Bas.

Rodez, V. & E. capitale de Roüergue.

Rognon, Riu. en Bassigny.

Rohan, Duché en Bretagne.

Romanche, Riu. en Dauphiné.

Romans, V. en Dauphiné.

Romans, V. de Bresse pres de la Bour-[gogne.]

la *Romiou*, v. en Condomois.

Rommois, Pays en Normandie.

Roquebrou, V. en haute-Auuergne.

Roquebrune, V. en Prouence.

Roque-courbe, V. pres Castres.

Roque-laure, Marquisat en Armagnac.

Roquemadou, V. en Querci.

Roquetaillade, Seigneurie au Bazadois.

la *Roque-timbaut*, v. en Agenois.

Roscoff, V. en Bretagne pres S. Pol de Leon.

les *Rosiers*, v. en Anjou sur Loyre.

Rosnay, V. en Chãpagne, entre Troyes & S. Dizier.

Rosni, Marquisat sur Seine au dessous de Mante.

Rosperden, V. en l'E. de Cornoüaille.

Roüanne, V. en Forez fur Loire.

Roüannez, Duché en Forez.

Roubion, Riu. en Dauphiné.

Rouci, Comté fur Aifne à 6. l. de Soif-
 fons.   [mandie

Roüen, V. & Arch. fur Seine en Nor-

Roüergue, Prouince 22. D. 30. min. long.
 43. D. 30. min. lat. S.

Roumaillart, V. au Perche.

Royan, v. en Saintonge fur Garonne.

Royanez, petit Pays en Dauphiné.

Roye, V. de Picardie en Santerre.

Rozan, V. en Bazadois.

Rozat-d'Aymet, V. en Perigort.

Rozoy, V. en Brie.

Rozoy, v. en Tierache.   [hieu

Ruë, V. de Picardie au Comté de Pont

Ruel, V. à 3. l. de Paris vers le Couchant.

Ruffec, V. en Angoumois.

Ruffec-le-Chafteau, V. en Berri fur Creufe

Ruffiac, V. de Languedoc vers le Rouf-
 fillon.

Rugles, V. en Normandie fur Rille.

Rully, V. en Berri.

Rully, V. de Bourgogne au Challônois

Rupeyroux, V. en Roüergue.

S

Sablé, V. & Marquisat au Maine.
Saillans, V. pres Die.
S. Agnan, V. & Comté en Berri.
S. Agreue, V. en Viuarais.
S. Amand, v. en Bourbonnois.
S. Amand, v. en Languedoc.
S. Amand, v. & Riu. en Puisaye.
S. Ambert, v. en Auuergne.
S. Ambroise, v. en Languedoc.
S. Andiocle-Bourg, v. en Viuarais.
S. André, v. en Languedoc.
S. Andreas, V. en Guienne.
S. Anduel, v. en Lyonnois.
S. Antoine, chef d'Abb. en Dauphiné.
S. Antonin, v. en Roüergue.
S. Arnoul, v. à 11. l. de Paris, vers le
    Couchant d'Hyuer.
S. Astier, v. en Perigort.
S. Aubin - du - Cormier, V. en l'E. de
    Rennes.
Saincte-Barbe, B. en Normandie, 6. l.
    au Couchant de Lisieux.
S. Baume, v. en Prouence.
S. Bauzely de Lezou, v. en Roüergue.
Saincte Bazeille, v. en Bazadois.
S. Benoist, v. du Poictou sur Mer.

S. *Bertomiou*, v. en Agenois.

S. *Bertrand-de-Comminges*, V, & E. en Gascogne.

S. *Bonnet*, v. en Dauphiné.

S. *Bonnet*, Riu. en Forez.

S. *Brieux*, v. & E. en Bretagne.

S. *Cales*, v. au Maine.

Saincte Catherine, v. en Touraine.

S. *Chartier*, v. en Berri.

S. *Chaumont*, Marquisat au Lyonnois.

S. *Chely*, v. en Giuaudan.

S. *Clar*, v. en Armagnac.

S. *Clement*, v. pres Embrun.

S. *Cler*, v. à 7. l. de Paris, au Couchant d'Hyuer.

S. *Cler*, B. du Vexin François sur Epte.

S. *Clou*, v. sur Seine 2. l. au dessous de Paris.

S. *Cosme*, v. du Maine pres du Perche.

S. *Cosme*, v. en Roüergue.

S. *Crespin*, v. pres Embrun.

S. *Cristophle*, v. en Touraine.

S. *Cyprien*, v. en Perigort.

S. *Denis*, v. en l'Isle de France, à 2. l. de Paris.

S. *Denis*, v. en Anjou.

S. *Denis*, v. pres Carcassone.

S. *Didier*, v. en Forez.

S. *Didier*, v. en Vellay.

S. *Dié*, v. du Blaisois pres de Loire.

S. *Dizier*, v. de Champagne sur Marne.

S. *Emilion*, v. en Guienne.

S. *Engrace*, v. dans les Basques.

S. *Escolaste*, v. de Normädie sur Sarte au Leuant de Sees.

S. *Espin*, v. en Touraine.

S. *Estienne-de-Furens*, v. en Forez.

S. *Eusebe*, v. en Dauphiné.

S. *Felix*, v. du haut-Languedoc.

S. *Felix-de-Sergues*, v. en Roüergue.

S. *Fergeau*, v. en Puisaye.

S. *Ferreol*, v. aux confins du Forez & du Vellay.

S. *Fleurent*, v. en Anjou sur Loyre.

S. *Fleurent*, v. en Berri sur Cher.

S. *Florentin*, v. au Senonois.

S. *Flour*, v. & E. en haute-Auuergne.

Saincte-Foy, v. de Guienne sur Dordogne.

Saincte-Foy-de-Peroliers, v. en Armagnac.

Saincte-Fricque, v. de Roüergue.

Saincte-Gabelle, v. en Foix.

S. *Gaudens*, v. de Comminges.

S. *Gaultier*, v. en Berri sur Creuse.

S. *Gengoux*, v. de Bourgog. entre Charolles & Challon sur Saone.

S. *Genis-Largentier*, v. en Lyonnois.

S. *Genis-de Riuedol*, v. en Roüergue.

S. *Germain*, maison Royale, à 4. l. de
Paris sur Seine.

S. *Germain*, v. en la Marche sur Vienne.

S. *Germain*, v. en Bresse à 2. l. du Dain.

S. *Germain des Fosses*, v. en Bourbonnois.

S. *Germain-Lambrun*, v. en Auuergne.

S. *Germain-la-Val*, v. en Forez.

S. *Germain-le-Puech*, v. en Guienne.

S. *Germain le-Puis*, v. en Bourbonnois.

S. *George*, v. en Roüergue.

S. *Geran-de-Vaux*, Seigneurie au Bourbonnois.

S. *Geruais*, v. en Auuergne.

S. *Geruais*, v. en Languedoc.

S. *Gilles*, v. du bas-Poictou.

S. *Gilles*, v. en Languedoc.

S. *Girons*, v. en Conserans.

S. *Gondon*, v. du Berri sur Loire.

S. *Haon*, v. en Forez.

S. *Heremie*, v. en Giuaudan.

Saincte-Hermine, v. au bas-Poictou.

S. *Hilaire*, v. en Bourbonnois.

S. *Hilaire*, B. en l'Isle Iersey des dé-
pendances

pendances d'Angletere.

S. *Hilaire-des-Landes*, v. du Maine.

S. *Hilaire-sur-Autize*, v. du bas-Poictou.

S. *Honorat*, Isle pres de Prouence.

S. *Hyrier*, v. en Limosin.

Saincte-Iaille, Baronnie en Dauphiné.

S. *Iames*, B. de l'E. d'Avranches.

S. *Iean-d'Angely*, v. en Saintonge.

S. *Iean-de-Bournay*, v. au Viennois.

S. *Iean-de-Buege*, v. en Languedoc.

S. *Iean-de-Laune*, v. de Bourgogne sur
la Saone.

S. *Iean-de-Luz*, B. dans les Basques.

S. *Iean pied-de-port*, v. en basse-Nauarre.

S. *Iori*, v. pres de Toulouse.

S. *Iulien*, v. en Bresse.

S. *Iulien*, Baronnie en la Marche.

S. *Iulien*, v. de haut-Languedoc.

S. *Iulien-du-Sault*, v. sur Yonne entre
Auxerre & Sens.

S. *Iulien-de-Vouuantes*, v. de Bretagne
pres l'Anjou.

S. *Iunien*, v. en la Marche.

S. *Iust*, v. en haute-Auuergne.

S. *Iust*, v. en Roüergue.

S. *Iust-en-Cheualet*, v. en Forez.

K

S. *Iustin*, v. en Gascogne.

S. *Laurens*, v. pres Aiguemorte.

S. *Laurens-des-Eaus*, v. de l'Orleanois.

S. *Laurens-du-Pont*, v. pres Grenoble.

S. *Legier*, v. en Giuaudan.

S. *Leonard*, v. en la Marche.

S. *Leu*, v. sur Oyse en Beauuaisis.

S. *Licer-de-Conserans*, v. & E. en Gascogne.

Saincte Liurade, V. en Agenois.

S. *Lo*, V. en basse-Normandie.

S. *Loubouer*, v. en Gascogne.

S. *Loup*, V. du haut-Poictou.

S. *Macari*, V. de Guienne.

S. *Maixent*, v. du haut-Poictou.

S. *Malo*, V. & E. en Bretagne.   [lo

S. *Malo-de-Beignon*, V. en l'E. de S. Ma-

S. *Mange*, Principauté en Champagne.

S. *Marcel*, V. pres Narbone.

S. *Marcellin*, v. en Dauphiné.

Saincte-Marguerite, Isle sur la coste de Prouence.

Saincte-Marie-du-Mont, B. du Coutantin en Normandie.

S. *Mars*, V. au Senonois.

S. *Martin*, B. en l'Isle de Ré.

S. *Martin-d'Amblais*, V. en Chãpagne

au Couchant de Chaalons?

S. *Martin-en-Iarez*, V. en Lyonnois.

S. *Maturin*, V. en Gaſtinois à 2. l. de Nemours.

Saincte-Maure, V. en Touraine.

S. *Maximin*, V. en Prouence.

Saincte-Menehou, V. en Champagne ſur Aiſne.

S. *Michel-en-lair*, Abb. du bas-Poiƈtou.

S. *Michel-en-Brenne*, V. de Touraine.

S. *Mont*, V. en Armagnac.

S. *Nazare*, B. en Bretague à l'embouchure de Loire.

S. *Nicolas*, V. en Armagnac.

S. *Palais*, V. en baſſe-Nauarre.

S. *Paol*, en Prouence ſur Durance.

S. *Paol-de-Varas*, V. en Breſſe.

S. *Papoul*, V. & E. dans le haut-Languedoc.

S. *Paulhan*, V. en Auuergne.

S. *Pardoux-de-la-Tour*, V. en Auuergne.

S. *Pierre-le Monſtier*, V. au Niuernois.

S. *Pol*, V. en Limoſin.

S. *Pol*, V. à 3. l. de Lauaur.

S. *Pol-3.-Chaſteaux*, V. & E. en Dauphiné.

S. *Pol-de-Leon*, V. & E. en baſſe-Bret.

S. Pons-de-Tomieres, V. & E. en Languedoc.

S. Pourcain, V. en Auuergne.

S. Poy, V. en Armagnac.

S. Prieche, V. pres Limoges.

S. Priest, V. en Forez.

S. Priest-la-Roche, V. en Forez.

S. Quentin, V. de Picardie au Vermandois sur Somme.

S. Rambert, V. en Dauphiné.

S. Rambert, V. en Forez.

S. Rambert, V. au Pays de Valromey.

S. Renan, V. à 3. l. de Brest.

S. Riquier, V. au Comté de Ponthieu en Picardie.

S. Rome-de-Cernon, V. en Roüergue.

S. Rome-de-Tarn, V. en Roüergue.

S. Ruff, Abbaye chef d'Ordre, pres Valence en Dauphiné.

S. Saforin, V. en Dauphiné, dans le Viennois.

S. Saphorin, V. au Lyonnois.

S. Satur, V. en Berri.

S. Sauge, V. vers le milieu du Niuernois.

S. Sauin, V. de Poictou sur Gartempe.

S. Sauinien, V. en Saintonge.

S. Saueur, V. en Puifaye.

S. *Sauueur-le-Delin*, V. du Coutantin en Normandie.

S. *Sauueur-le-Vicomte*, V. du Coutan-tin en Normandie.

S. *Sauueur-sur-Diue*, place Maritime en l'E. de Lisieux.

S. *Seine*, B. de Bourgogne à la four-ce de Seine.

S. *Seré*, V. en Querci.

S. *Seuer*, V. en Bigorre.

S. *Seuer*, V. en Gascogne.

S. *Seuer*, V. en Roüergue.

Saincte-Seuere, V. en Berry.

S. *Simon*, Duché en Vermandois.

S. *Siurain*, V. de la Marche pres du Poictou.

S. *Sorlin*, Marquisat en la Prouince de Bresse sur Rhosne.

S. *Sornin*, V. en Roüergue.

S. *Sulpice*, Marquisat en Querci.

S *Sulpice*, V. de Languedoc sur Tarn.

S. *Sulpice*, V. à 4. l. de Rieux en Lan-guedoc.

Saincte-Susanne, V. au Maine.

S. *Supery*, V. en Limosin.

S. *Thibaut*, V. entre la Lorraine, & le Bassigny.

S. *Triuier*, V. en Breſſe.

S. *Triuier*, V. au Pays de Dombes.

S. *Tropez*, V. en Prouence.

S. *Valerien*, V. au Gaſtinois.

S. *Valery*, V. au Pays de Caux.

S. *Valery*, V. & port de Mer ſur Somme en Picardie.

S. *Vallier*, V. en Dauphiné.

Saincte-Vrcize, V. en Languedoc à 5. l. de Mautauban.

S. *Yzeri*, V. en Roüergue.

Sagonne, V. en Bourbonnois.

Saintonge, Prouince 19. D. long. 45. D. 30. min. lat. S.

Saintes, V. & E. capitale de Saintonge.

Salat, Riu. en Conferans.

Salbris, V. en Berri ſur Saudre.

Salers, V. en la haute-Auuergne.

Saliez, V. en Comminges.

Saligny, Seigneurie au Bourbonnois.

Sallies, v. en Bearn.

Salon, v. en Prouence.

la *Saluetat*, V. en Roüergue.

Salueterre, v. en Roüergue.

Samadet, v. en Gaſcogne.

Samatan, v. au bas-Comminges.

Sauccrgues, v. en Berri.

Sancerre, v. en Berri.

Santerre, Pays en Picardie.

Sanzay, v. du haut-Poictou.

Saone, Riu. à sa source en Lorraine passe en la Franche-Comté & en Bourgogne.

Saramont, v. en Armagnac.

Sarcignac, v. pres Carcassone.

Sarlat, v. & E. en Perigort.

Sarrancolin, v. de Comminges.

Sart, petite Riu. au Pays de Caux.

Sarte, Riu. à sa source en Normandie, & passe dans le Maine.

Saudre, Riu. grande & petite à sa source en Berri.

Saudron, B. en Champagne au Couchant d'Hyuer de Chaalons.

Saue, Riu. en Comminges.

Sauerdun, v. entre Toulouse & Pamiers.

Sauigney-sur-Braye, v. au Maine.

Sauigny, v. de Bourgogne, voisine du Comté.

Sauines, v. pres Embrun.

Sauion, Seigneurie en Saintonge.

Saulieu, v. de Bourgogne vers le Niuernois.

Sault, Comté en Prouence.

Saumur, v. en Anjou sur Loire.

Sauue, v. en Languedoc.

la Sauuetat, v. en Agenois.

la Sauuetat, v. en Armagnac.

la Sauuetat-de-sa neres, v. en Agenois.

Sauueterre, v. en Bazadois.

Sauueterre, v. en Bearn.

Sauueterre, v. en Armagnac.

Secondigni, v. & Comté au Poictou.

Sedan, v. & Principauté sur la Meuse, entre la Champagne & le Luxembourg.

Seé, Riu. passe à Avranches.

Sees, v. & E. en Normandie.

Segré, v. en Anjou.

Segrie, Riu. au Maine.

le Segur, v. en Roüergue.

Seiche, Riu. entre en la Vilaine.

Seillans, v. en Prouence.

Seille, petite Riu. en l'E. de Bayeux.

Seille, Riu. de Bourgogne au Challonois.

Seine, v. en Prouence.

Seissac, v. pres Carcassone.

Seissel, v. de Bresse sur Rhosne.

Sele, Riu. en Querci.

Selles, v. en Berri sur Saudre.

Selongey, v. de Bourgogne sur la frontiere de Champagne.

Semblancey, v. en Touraine.

Semeur, v. de Bourgogne en Auxois.

Semeur, en Briennois, v. la plus Meridionale de Bourgogne.

Senerpont, Seig. en Picardie sur Bresle.

Senescey, Marquisat en Bourgogne entre Mascon & Challon.

Senez, v. & E. en Prouence.

Senlis, v. & E. au Valois.

Senne, petite Riu. au pays de Caux.

Senoire, Riu. en Auuergne.

Senonches, v. au Perche.

Senonois, Pays aux enuirons de Sens en Champagne.

Sens, v. & Arch. en Champagne.

la *Seoube*, v. en Bearn.

la *Seoube*, v. en Guienne.

Ser, Riu. en Querci.

Serain, Riu. en Bourgogne.

Seran, Riu. en Bresse au voisinage de Belley.

Serant, v. en Armagnac.

Serebat, v. entre Foix & Rieux.

Sercotte, v. au Septempt. d'Orleans.

Sergue, Riu. en Roüergue.

K v

Serignan, B. sur la coste de Languedoc.

Sermaise, v. vers le Midy d'Estampes.

Sermaise, v. de Chãpagne au Perthois.

Sermus, v. en Franc-aleu.

Serre, v. au Viennois.

Sorre, Riu. de Picardie entre dans l'Oy-se à la Fere.

Serriac, v. de Gascogne sur Gers.

Scudre, Riu. en Saintonge.

Seuerac, Marquisat en Roüergue.

Seuerac-le-Chastel, v. en Roüergue.

Seugne, Riu. en Saintonge.

Sevignac, B. en la Marche.

Seure, voyes Bellegarde.

Seure, Riu. en Anjou.

Sevre-Nantoise, Riu. en Poictou, & en Bretagne.

Sevre-Niortoise, Riu. en Poictou.

Seyne, Riu. sourt en Bourgogne, passe en Champagne en l'Isle de France & en Normandie.

Seyne, petite Riu. au Pays de Caux.

Sezane, v. en Brie.

Sezane, V. pres Briançon.

Seze, Riu. en Roüergue.

Sialgues, V. en Giuaudan.

Siboure, B. dans les Basques.

Signy-le-petit, V. au Retelois.

Signy-l'Abbaye, V. au Retelois.

Sille-le-Guillaume, V. au Maine.

Sillery, Seigneurie au voisinage de Marne en Champagne.

Simiane, Marquisat en Prouence.

Simorre, V. en Armagnac.

Sioule, Riu. en Auuergne.

Siserieu, V. au Bugey.

Sisteron, V. & E. en Prouence.

Siuray, V. de Poictou sur Charante.

Soissonnois, V. & E. en Picardie sur Aisne.

Soliers, V. pres Toulon.

Sologne, Pays au midy d'Orleans, au au voisinage du Berri.

Someme, Riu. en Limosin.

Somensac, V. en Agenois.

Somme, Riu. en Picardie.

Sommepy, V. au Remois.

Sommieres, V. du bas-Languedoc.

Sordes, V. pres de Dax.

Sorgues, Riu. du Comtat d'Auignon.

Sorme, petite Riu. de Champagne entre en la Seine.

Soubize, Seigneurie en Saintonge.

Souesmes, V. en Berri.

Soüillac, V. en Querci.

Soüille, Riu. au Coutantin.

Soulaine, V. de Champagne au Val-lage.

Soule, Pays dans Basques, voisin du Bearn.

Souppe, petite Riu. de Champagne en-tre en la Marne.

Soupprosse, V. en Gascogne.

Soureze, V. du haut-Languedoc.

Sourmelon, petite Riu. de Champagne entre en la Marne.

la *Sousterraine*, V. en la Marche.

Souuigney, V. pres Moulins.

Soyons, V. en Viuerais.

Soz, V. au Condomois.

Suippe, Riu. au Remois.

Suippe-la-longue, V. au Remois.

Suise, Riu. en Bassigny.

Sully, V. & Duché en l'Orleanois.

Surgeres, V. au Pays d'Aunis.

Surieu-le-Comtat, V. en Forez.

Suzan, Riu. en Bresse.

Suze, Comté en Dauphiné.

la *Suze*, V. & Comté Maine.

Taille-

T

Taillebourg, V. en Saintonge.

Tais, V. en Albigeois.

Tallard, Comté en Dauphiné.

Tallemond, V. en Saintonge.

Talluyers, V. en Lyonnois.

Talmont, Princip. au bas-Poiĉtou.

Tancaruille, Duché au Pays de Caux fur Seine.

Tannet, V. du Niuernois au voifina- ge de l'Yonne.

Tarafcon, V. en Prouence fur le Rhofne.

Tarafcon, V. au Pays de Foix.

Tarbe, v. & E. capitale de Bigorre.

Tardetz, v. dans les Bafques.

Tardoüere, Riu. en Angoumois.

Tarn, Riu. à fa fource en Giuaudan.

Tarnac, V. en Limofin.

Tartas, v. en Gafcogne fur l'Adour.

Tartenois, petit Pays entre Reims & Meaux.

Tarteron, V. au Retelois.

Tauannes, Marquifat en Bourgogne.

Tauernay, Riu. au voifinage d'Autun.

Taulignan, V. en Dauphiné.

Taurion, Riu. en la Marche.

Tegra, v. en Querci.

Tenare, V. de Bourgogne au Challonnois.

Tence, v. en Vellay.

Termes, Seigneurie entre Auch, & S.
Bertrand.

Terraſſon, v. en Perigort.

Teſcou, Riu. à Montauban.

la *Teſte-de-Buchs*, Principauté au Couchant de Bourdeaux.

Terain, Riu. paſſe à Beauuais.

Thain, v. en Dauphiné.

Themines, Marquiſat en Querci.

Theſe, v. pres Siſteron.

Theurſan, Pays en Gaſcogne.

Thiers, v. en Auuergne.

Thiols, Riu. en Berri.

Thoart, v. pres Siſteron.

Thoirax, Seign. en Giuaudan.   [bes.

Thoiſſei, V. en la ſouueraineté de Dom-

Tholoſe, voyes Toulouſe.

Thoré, v. en Saintonge.

Thoüars, v. & Duché du haut-Poictou.

Thury, v. en Puiſaye.

Tierache, Pays en Picardie.

Tiffauges, v. du bas-Poictou.

Tillac, v. en Armagnac.

Tillart, B. en Beauuaiſis.

Tille, Riu. de Bourgogne entre Dijon & Auxonne. [Tille.

Tille-le-Chateau, v. de Bourgogne sur

Tilleres, B. & ch. auec tiltre de Comté l'E. d'Evreux.

Timerais, Pays dans le Perche.

Tinchebray, B. en l'E. de Bayeux.

Tingry, Principauté en Champagne & en Picardie.

Tintineac, v. de Bretagne entre Rennes & Dol.

Tiviers, V. en Perigort.

Toirax, V. en Languedoc.

Tombelaine, Rocher sur la coste de Normandie pres le Mont S. Michel.

Tonerre, V. & Comté en Champagne, pres de Bourgogne.

Tonnay-Boutonne, v. en Saintonge.

Tonnay-Charante, v. en Saintonge.

Tonneins, Marquisat en Agenois.

Torcy, V. en la Brie Françoise.

Torcau, ch. à l'entrée du port de Morlaix.

Torigne, V. au Maine.

Torneham, v. en la Brie Françoise.

Toronct, v. en Prouence.

Tornus, v. de Bourgogne sur Saone.

Toüarcé, v. en Anjou.

Toüarez, Riu. au haut-Poictou.

Touche, Riu. en Comminges.

Toucques, B. & Riu. en l'E. de Lisieux.

la *Toüe*, Riu. au haut-Poictou.

Touffou, v. de Bretagne vers le Poictou.

Touget, v. en Armagnac.

Toulon, v. & E. & port en Prouence.

Toulon, petite Riu. en Gastinois.

Toulon-sur-Aroux, v. de Bourgogne.

Toulouse, v. & A. capitale de Langued.

Toulousette, v. en Gascogne.

Tousan, Pays aux enuirons de Toulouse en Languedoc.

Touraine, Prouince 20. D. 30. min. lõg.
   47. D. lat. S.

Tourbe, Riu. du Remois.

Tourblanche, en Perigort.

Tour-de-Bouc, Forteresse sur la coste de
   Prouence.

Tour-de-Bridiers, v. en la Marche.

la *Tour-Landry*, V. en Anjou.

la *Tour-du-Pin*, v. en Dauphiné.

Tourelle, v. sur l'Aude.

Tournay, v. entre Tarbes & S. Bertrand.

Tournon, v. & Comté en Viuarais.

Tournon, v. en Agenois.

Tourouure, v. au Perche.

Touri, v. en Beauce.

Tours, v. & A. capitale de Touraine sur Loire.

Touſſi, v. en Gaſtinois pres de la Bour-gogne.

Touure, petite Riu. en Angoumois.

Lou *Trauanet*, v. de Languedoc ſur Da-dou.

Trauſſe, v. en Languedoc.

Traynel, Marquiſat en Champagne.

Trebas, v. en Albigeois.

Trefues, v. en Anjou ſur Loyre.

Treguier, voies Lantriguet.

Treinac, v. en Limoſin.

le *Tremblay*, v. au Perche.

Treſme, Comté & perite Riu. au voiſi-nage de Meaux.

Treſport, B. du Pays de Caux, au voiſi-nage de Picardie ſur la Mer.

Treuieres, B. & Riu. en l'E. de Bayeux.

Trevoux, V. capitale de Dombes ſur Saone.

Tricaſtin, Pays en Dauphiné aux enui-rons de S. Pol-3.-Chaſteaux.

Trie, v. en Armagnac.

Trie, B. & ch. au Vexin François.

Trieu, Riu. en Bretagne.

la *Trimoüille*, V. & Duché en Poictou, pres de la Marche.

Troisne, petite Riu. au deſſous de Chaumont en Vexin François.

Troyes, v. & E. ſur Seine en Chãpagne.

Trüeyre, Riu. à ſa ſource en Giuaudan.

Trun, B. en l'E. de Sees.

Tude, Riu. en Saintonge.

Tulles, v. & E. en Limoſin.

Turene, Vicomté en Limoſin.

Tury, B. ch. & Marquiſat en baſſe-Normandie ſur Orne.

Tuylins, v. pres Grenoble.

V

V *Abres*, v. & E. en Roüergue.

Vaillac, Seign. en Querci.

Vaiſon, v. & E. au Comtat d'Auignon.

Valancai, v. & Seign. au Berri.

Val-de-Choux, Abbaye, chef d'Ordre en Bourgogne, pres de Champagne.

Val-des-Eſcoliers, Ab. chef d'Ordre, au au Dioceſe de Langres.

Valence, v. en Agenois.

Valence, v. en Albigeois.

Valence, v. en Armagnac.

Valence, v. & E. en Dauphiné.

Valencole, v. en Prouence.

Valentinois, Pays & Duché en Dauph.

Valerne, v. pres Sisteron.

la *Valette*, Duché en Angoumois.

Valette, v. en Limosin.

Vallage, Pays en Champagne.

Vallie, Riu. du Retelois.

Vallon, v. au Maine.　　　　[tin]

Valogne, v. de Normandie au Coutan-

Valois, Pays & Duché en l'Isle de France.

Valromey, voyes Veromey.

Vandeuure, v. de Champagne au Leuant de Troyes.

Vannes, voyes Vennes.

Var, Riu. en Prouence.

Varambon, v. & Marquisat en Bresse.

Varrenne, v. en Bourbonnois.

Varize, v. pres Chasteau-Dun.

Varse, Riu. en Saintonge.

Vassy, v. de Champagne au Vallage.

Vatan, v. & Seigneurie au Berry.

Vaucluse, v. au Comtat d'Auignon.

Vaudablez, v. en Auuergne.

la *Vauguion*, Seign. en Angoumois.

Vaureas, v. du Comtat d'Auignon en
Dauphiné.

Vauuize, Riu. en Berri.

Vaux-droume, v. en Dauphiné.

Veaune, Riu. en Prouence.

Vellay, Pays dans les Ceuennes.

Venaißin, Comté connu sous le nom d'Auignon entre le Dauphiné & la Prouence.

Venasque, v. au Comtat d'Auignon.

Vence, v. & E. en Prouence.

Vende, Riu. du haut-Poictou.

la *Vendée*, Riu. en bas-Poictou.

Vendigne, v. pres Toulouse.

Vendosme, v. & Duché entre Tours & Chartres.

Vedosmois, Pays fait partie de la Beauce.

Vendres, v. sur la coste du Languedoc.

Venne, Riu. au Senonois.

Vens, Riu. au Retelois.

Vennes, v. & E. en Basse-Bretagne.

Ventadour, Duché en Limosin.

Ventauon, V. en Dauphiné.

Verberie, B. en Valois sur Oyse.

Verdon, Riu. en Prouence.

Verdonet, V. de Bourgogne au voisinage de la Champagne.

Verdun, V. d'Armagnac.

Verdun, V. de Bourgogne sur Saone.

Verdun, Petit pays en Armagnac.

Vergette, Riu. au Maine.

Vermand, B. du Vermandois entre Perone & S. Quentin en Picardie.

Vermandois, Pays en Picardie, aux enuirons de S. Quentin.

la *Verne,* V. pres Toulon.

Vernon, V. de Normandie ſur Seine.

Verneüil, V. au Bourbonnois.

Veromey, ou *Valromey,* Pays en Breſſe.

Verneüil, V. de Normandie voiſine du
Perche.

Verneüil, Seign. en Valois ſur Oyſe.

Vernuſſe, Riu. en Gaſtinois.

Verſailles, maiſon Royale à 4. l. de Paris
vers le Couchant.   [Rhoſne.

Verſoy, V. du Balliage de Gex ſur le

Vert, Riu. en Querci.

Vertus, V. & Comté en Champagne au
Couchant d'Hyuer de Chaalons.

Vervins, V. de Picardie en Tierache.

Veſiers, V. pres de Toulouſe.

Veſle, Riu. en Breſſe.

Veſle, Riu. paſſe à Reims.

Veſly, V. en Soiſſonnois ſur Aiſne.

Vexin, Pays au Gouuernement de l'Iſle
de France & en Normandie.

Veynes, V. en Dauphiné.

Vezelay, V. du Niuernois pres de Bourgogne.

Vezere, Riu. à sa source en Limosin.

Haute-*Vezere*, Riu. en Limosin.

Viellambrit, V. en Bigorre.

Vianges, V. de Bourgogne, entre Autun & Semeur en Auxois.

Viannes, V. de Languedoc pres du Roüergue.

Vias, v. en Languedoc.

Vibraise, V. au Maine pres du Perche.

Vic, v. en Armagnac.

Vic-le-Comte, V. en Auuergne.

Vic-de-Lomagne, V. en Armagnac.

Vichy, V. en Bourbonnois.

Vidourle, Riu. au bas-Languedoc.

Viella, v. en l'E. de Comminges.

Vielle, V. en Gascogne.

Vienne, V. & A. en Dauphiné.

Vienne, Riu. à sa source en la Marche.

Viennois, Pays en Dauphiné.

Vierzon, V. en Berri.

Vieux, V. en Albigeois.

Vieux-bourg-de Quintin, en l'E. de Cornoüaille.

Vieux-maisons, V. en Brie.

Vieux-Marché, B. en l'E. de Treguier.

le *Vigan*, v. en Languedoc.

Vigenne, Riu. de Bourgogne sur la frontiere du Comté & de Champagne.

Vignonnet, V. du haut-Languedoc.

Vignorix, V. du Bassigny.

Vihers, V. en Anjou.

Vilaine-la-Isbel, V. du Maine.

Vilaine, Riu. en Bretagne passe à Rênes.

Villaine-en-Dumois, V. de Bourgogne vers
   la Champagne.

Villamer, V. en l'E. de Rennes.

Villandri, Marquisat en Touraine.

Villars, V. & Marquisat en Bresse.

Ville-airat, V. au bas-Languedoc.

la *Ville-aux-Clercs*, v. au Vendosmois.

Ville-bois, voyes la Valette.

Ville-bon, V. au Perche.

Ville-brunier, V. de Langued. sur Tarn.

Ville-Comtal, V. en Roüergue.

Ville-dagne, V. pres Narbone.

Ville-Dieu, V. au Coutantin.

Ville-Dieu, V. entre Tolose & Montauban.

Ville-donel, V. pres Carcassone.

Ville-foi, V. en Languedoc.

Ville-franche, V. en l'Auraguais.

Ville-Franche, V. en Beaujolois.
Ville-Franche, V. en Berri sur Cher.
Ville-Franche, V. au Bourbonnois.
Ville-Franche, v. de Champagne sur Meuse.
Ville-Franche, V. en Gastinois.
Ville-Franche, V. en Perigort.
Ville-Franche, V. en Roüergue.
Ville-Franche-de-Cayran, V. en Bazadois.
Ville-Franche-de-Panat, V. en Roüergue.
Ville-Franque, V. en Albigeois.
Ville-Franque, V. pres Bayonne.
Ville-magne, V. au bas-Languedoc.
Ville-mor, V. de Senonois.
Villemur, V. de Languedoc sur Tarn.
Ville-neuue, V. en Agenois.
Ville-neuue, V. en Albigeois.
Ville-neuue, pres Briançon.
Ville-neuue, V. en Languedoc pres Lauaur.
Ville-neuue, V. en Roüergue.
Ville-neuue, V. en Viuarais.　　　[nois.
Ville-neuue-l'Archeuesque, v. du Seno-
Ville-neuue-lez-Auignon, en Languedoc, le Rhosne entre-deux.
Ville-neuue-la-Cremade, V. en Agenois.
Ville-neuue-la-Guiard, V. du Senonois.

Ville

Ville-neuue-de Masan. V. en Gascogne.

Ville-neuue-le-Roy, V. du Senonois sur
   Yonne.   [çoise.

Ville-neuue-S. George, V. de la Brie Fran-

Ville-noce, V. & Riu. en Brie.

Ville-nouuelle, V. pres Toulouse.

Ville-pantade, V. en Languedoc sur Garonne.

Ville-pinte, V. pres Castelnau-d'Arri.

Ville-Preux, V. à 6. l. de Paris vers le
   Couchant.

Villeroy, Marquisat en l'Hurepoix.

Villers-Agron, V. de Champagne aux
   confins du Gouuernement de l'Isle
   de France.

Villers-coste-Rets, ch. en Valois.

Ville seche, V. pres Carcassone.

Vimeux, petit Pays en Picardie au Midy d'Abbeuille.

Vimonstier, B. en l'E. de Lisieux.

Vimy, B. sur la Saone à 3. l. de Lyon.

Vimy, V. pres Grenoble.

Vines, v. en Roüergue pres d'Auuergne.

Vinsiennes, ch. au voisinage de Paris.

la *Vinzelle*, v. en Roüergue.

Vire, v. & Riu. en basse-Normandie.

Viné, v. au Vicinois.

M

Virieu, v. au Bugey.

Viriuille, Seign. au Viennois.

Vis-fur-Aifne, v. au Soiſſonnois.

Viſtre, ʀiu. au Bas-Languedoc.

Viteaux, v. de Bourgogne en Auxois.

Vitrey, v. de Bretagne pres du Maine.

Vitrezay, ʙ. & ʀiu. en Saintonge.

Vitry, v. en l'Orleanois.   [Marne.

Vitry-le-François, v. de Champagne ſur

Vitry-le-Bruſlé, v. pres Vitry-le-François en Champagne.

Vitrolle, v. pres Apt.   [Prouence.

Vitrolle, v. aux confins de Dauphiné &

Viuarais, Pays ſur le ʀhoſne, fait partie des Ceuennes.

Viuiers, v. & E. en Viuarais.

Viuoin, v. du Maine ſur Sarte.

Viuonne, v. & Comté en haut-Poictou.

Vizille, ch. pres Grenoble.

Vodois, v. en Brie.

Voiran, v. pres Grenoble.

Vonne, ʀiu. du haut-Poictou.

Voreſpe, v. pres Grenoble.

Voües, v. en Beauce.

Voüille, v. pres Poictiers.

la *Voulte*, v. en Auuergne.

la *Voulte*, v. en viuarais.

Vouvant, v. au bas-Poictou.

Vouzie, Riu. en Brie.

Vouzon, v. en Sologne.

Vouzi, v. en Retelois.   [l'Aube]

Voyre, Riu. de Champagne entre en

Vrayne, Riu. en Gastinois.

Vrfé, Marquisat en Forez.

Vs, Riu. en Beaujolois.

Vserche, v. en Limosin.

Vssel, v. en Limosin.

Vsson, v. en Auuergne.

la *Vulpiere*, v. en Viennois.

Vxel, Marquisat en Bourgogne au
     Challonnois.

Vye, Riu. au bas-Poictou.

Vye, petite Riu. en l'E. de Lisieux.

Vyolas, v. en Limosin.

Vyzan, v. du Comtat d'Auignon en
     Dauphiné.

Vzel, v. en l'E. de S. Brieux.

Vzes, v. E. & Duché en Languedoc.

X

XAncoins, v. du Bourbonnois.

Y

YEr, Riu. en Brie.

Yerre, Riu. au Perche.

Yeure-le Chastel, v. en Beauce.

Yon, Riu. au Bas Poictou.

Yonne, riu. au Niuernois en Bourgogne & en Champagne.

Trance, riu. en Bresse.

Ts-fur-Tille, v. en Bourgogne.

Yuetot, B. ch. & Principauté au Pays
de Caux.

Yvri, v. de Normandie fur Evre.

Yzeron, v. en Lyonnois.

F I N.

Fautes d'Impreſſion.

Page, 4. ligne 26. Levanc, *liſez* Levant

p. 6. l. 6. l'Angonmois, *liſez*, l'Angoumois.

p. 10. l. 22. Autrny *liſez*, Autruy.

p. 17. l. 13. Bierre, *liſez*, Bievre.

p. 21. l. 16. Brondons, *liſez*, Brandons.

p. 24. l. 22. Bajadois, *liſez* Bazadois.

p. 31. l. 25. Chanſteau, *liſez*, Chaſteau.

p. 43. l. 11. Seignerie, *liſez*, Seigneurie.

p. 79. l. eu, *liſez*, en.

p. 98. l. 21. l'Eſpagne, *liſez*, & l'Eſpagne.

p. 120. l. 21. Pays, *liſez*, au Pays.